North Korea

2023 북한이탈주민 경제사회통합 실태

임순희 · 성민주 · 이승엽

2023 북한이탈주민 경제사회통합 실태

| 인쇄일 | 2023년 11월 24일
| 발행일 | 2023년 11월 27일
| 발행처 | (사)북한인권정보센터
| 주 소 | 03175 서울시 종로구 경희궁길 14
          신영빌딩 3층
| 전 화 | 02)723-6045
| F A X | 02)723-6046
| E-mail | nkdbi@hanmail.net
| 제 작 | 북한인권정보센터(http://www.nkdb.org)

ISBN 979-11-90000-39-0   93330

▸ 저자와 출판사의 허락 없이 내용의 일부를 인용하거나 발췌하는 것을 금합니다.

책을 내며

본 조사는 국내에 정착해서 생활하고 있는 북한이탈주민을 대상으로 이들의 경제활동 및 고용동향을 조사해 일반국민 조사결과(통계청「매월 고용동향」발표)와 비교할 수 있도록 통계청 조사 지표와 기법을 원용했으며, 국제노동기구(ILO) 결과와도 비교 가능하도록 국제적으로 표준화된 조사 지표를 사용하고 있다.

2005년 시작된 본 조사는 북한이탈주민의 경제활동 전반에 대한 실태조사 결과를 담은 경제통합 실태뿐만 아니라 대북송금, 재북가족 연락, 교육, 건강, 다문화수용성 등 북한이탈주민이 우리 사회의 구성원으로 얼마나 통합되어 가고 있는지에 대한 사회통합실태를 포함해 진행해오고 있다.

조사결과에 따르면 북한이탈주민들의 소득수준은 여전히 일반국민의 70% 수준에 머무르고 있으며, 경기침체로 인한 소득의 양극화도 분명하게 나타났고 있다. 또한 심각해지고 있는 북한의 경제상황으로 가족에 대한 걱정과 그리움, 정착과정에서의 심리적/정신적 불안정성을 호소하며 차별이나 편견 없는 해외로 이주하고 싶다는 응답도 있었다.

북한이탈주민만이 어렵다는 것은 아니다. 모든 북한이탈주민이 어렵고 힘든 것 역시 아니다. 그 중에는 자신의 장점을 잘 찾아내어 성공적인 사업가로 변모한 이들 역시 많이 있다.

하지만 출발점이 다른 북한이탈주민들에게는 분명 우리보다 훨씬 어렵고 극복해야 할 다양한 문제들이 상존하고 있다.

예컨대 북에 남겨둔 가족에 대한 그리움과 그들의 삶을 지원하기 위해 송금이라는 짐을 짊어져야 하며, 북에서 왔다는 이유만으로 당하는 차별 혹은 차별의식이 있으며, 이질적인 사회와 문화에 적응하기 위한 노력을 지속적으로 해야 한다.

상대적인 박탈감, 경제적 불평등과 차별. 그들이 겪는 구조적인 어려움을 이겨내는 또 다른 방법은 우리가 이들을 온전히 우리의 이웃으로, 사회의 구성원으로 받아들이는 것부터가 아닐까?

먼저 온 통일.

말뿐인 구호가 아닌 진심으로 이들을 이웃으로 받아들이고, 그들의 어려움을 마음으로 느낄 수 있는 환경이 되기를, 우리의 마음과 생각이 조금 더 여유롭고 따뜻해지기를 바란다.

덧붙여 본 조사 결과가 북한이탈주민 정착 및 사회통합에 관련된 정책을 연구, 개발, 집행하는 정부 기관과 연구기관, 언론 및 관련 시민단체의 기초자료로서 활용되기를 바란다.

마지막으로 매년 길고 지루한 질문에도 꼼꼼히 답변해준 북한이탈주민 응답자들과 16일 동안의 짧은 기간 동안 밤낮으로 조사 진행을 맡아준 북한인권정보센터 모든 연구원과 인턴들에게 고개 숙여 감사 인사를 드린다.

[요 약 문]

I. 조사 개요

○ 조사 의의 : 제20차 경제사회통합실태조사로 북한이탈주민 전문조사기관 ㈜엔케이소셜리서치와 함께 북한이탈주민의 경제사회 통합실태에 관한 기초 조사 실시 및 북한이탈주민 사회통합지수 개발을 위한 기초 데이터 수집

○ 조사 기간 : 2023년 9월 19일 ~ 10월 13일(16일)

○ 조사 진행 방법 : 기존 '북한이탈주민 정착 실태조사 패널단' 및 신규 유입 북한이탈주민을 대상으로 전문조사원의 전화조사 실시

구분	인원	비율
기존패널	297	74.3%
신규패널	103	25.7%
합계	400	100.0%

○ 조사 범위(항목)
 - 인구학적 배경 : 가구주 관계, 가족관계, 입국시기, 학력 등
 - 사회통합 : 대북통신 및 송금, 이주, 교육, 보건, 소속감 등
 - 경제통합 : 경제활동, 취업자·실업자, 소득, 저축, 부채, 생계비 수급 등

○ 조사 권역별 표본 수

구분	서울	부산	인천	대구	광주	대전	울산	경기	강원
표본 수	83	11	37	8	7	7	5	140	12
구분	충북	충남·세종	경북	경남	전북	전남	제주	합계	
표본 수	18	23	15	14	7	8	4	400	

○ 조사응답자 지역, 연령 및 성별 분포

- 수도권 64.8%(259명), 지방 35.2%(141명)
- 여성 74.7%(299명), 남성 25.3%(101명)
- 본 조사에 참여한 인원은 신뢰도 확보에 요구되는 최소 표본(380명)을 초과한 인원임

구분	15~19세		20대		30대		40대		50대		60대 이상		합계		
	남	여	남	여	남	여	남	여	남	여	남	여	남	여	계
강원	0	0	0	0	1	2	0	3	1	3	1	1	3	9	12
경기	1	2	5	7	9	27	8	31	5	28	5	9	33	104	137
경남	0	0	0	0	1	1	1	2	2	4	0	1	4	8	12
경북	0	0	0	0	0	3	1	4	1	4	0	2	2	13	15
광주	0	0	0	0	1	1	1	2	1	2	0	1	3	6	9
대구	0	0	0	1	0	1	1	2	1	2	0	1	2	7	9
대전	0	0	0	0	0	2	0	2	1	3	0	0	1	7	8
부산	0	0	0	1	0	4	1	2	1	2	1	1	3	10	13
서울	2	1	4	6	7	11	5	13	6	16	5	11	29	58	87
울산	0	0	0	0	1	1	1	1	0	1	0	1	2	4	6
인천	0	1	1	2	2	7	2	7	2	7	1	3	8	27	35
전남	0	0	0	0	0	1	0	2	1	2	0	2	1	7	8
전북	0	0	0	0	0	1	1	2	0	2	0	1	1	6	7
제주	0	0	0	0	0	1	0	1	0	1	0	1	0	4	4
충남세종	0	0	1	0	0	4	0	6	1	5	1	2	3	17	20
충북	0	0	0	0	1	1	1	4	3	5	1	2	6	12	18
합계	3	4	11	17	23	68	23	84	26	87	15	39	101	299	400
	7		28		91		107		113		54		400		
	1.8		7		22.8		26.8		28.3		13.5		100		

Ⅱ. 북한이탈주민 사회통합 현황

1. 학력

2. 건강

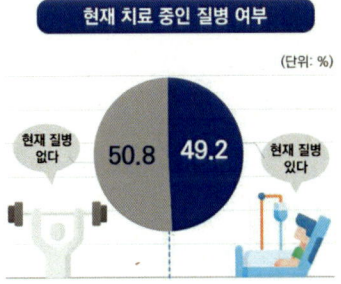
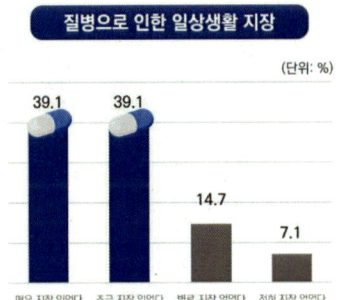

3. 대북송금

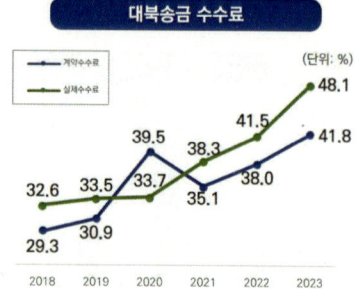

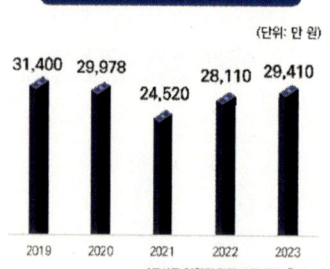

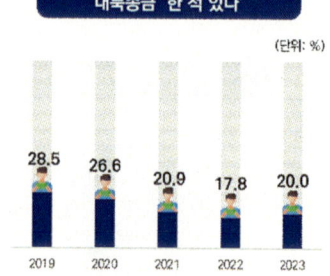

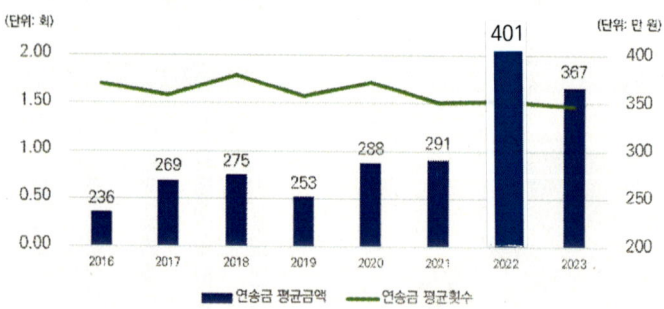

4. 대북 연락

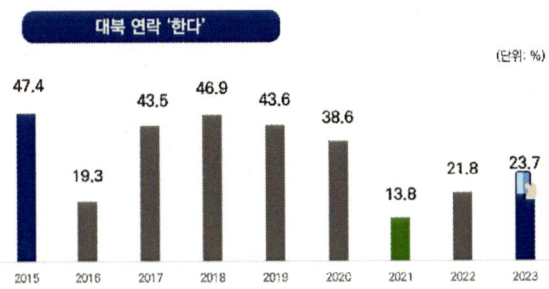

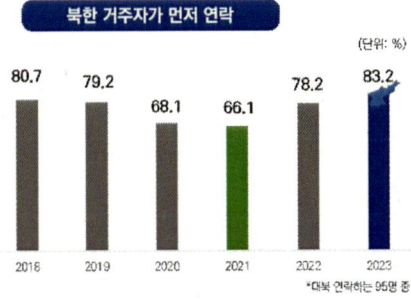

5. 이주 및 소속감

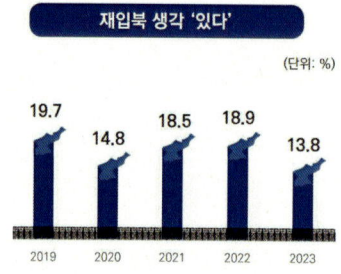

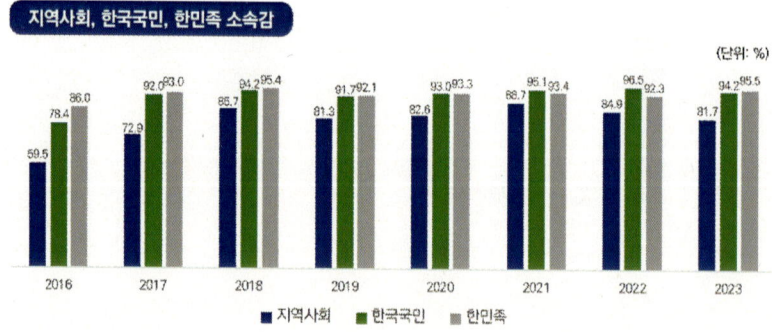

Ⅲ. 북한이탈주민 경제통합 현황

1. 경제활동참가율

전체/수도권/지방 경제활동참가율
(단위: %)

- 전체 경제활동참가율: 68.0%
- 수도권 경제활동참가율: 62.7%
- 지방 경제활동참가율: 77.9%

경제활동참가율과 고용률
(단위: %)

연도	경제활동참가율	고용률
2018	58.9	58.9
2019	59.2	57.3
2020	62.8	58.0
2021	66.8	64.9
2022	69.2	66.2
2023	68.0	64.3

일반국민과 북한이탈주민 경제활동인구 총괄

(단위: %)

북한이탈주민	15세 이상 인구	일반국민
400명		45,431천 명
68.0%	경제활동참가율	64.6%
64.3%	고용률	63.2%
5.5%	실업률	2.3%

*북한이탈주민은 조사된 인원 기준임.

경제활동을 하지 않는 이유

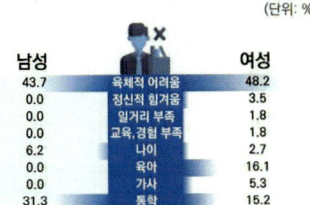

(단위: %)

남성		여성
43.7	육체적 어려움	48.2
0.0	정신적 힘겨움	3.5
0.0	일거리 부족	1.8
0.0	교육,경험 부족	1.8
6.2	나이	2.7
0.0	육아	16.1
0.0	가사	5.3
31.3	통학	15.2

2. 취업자

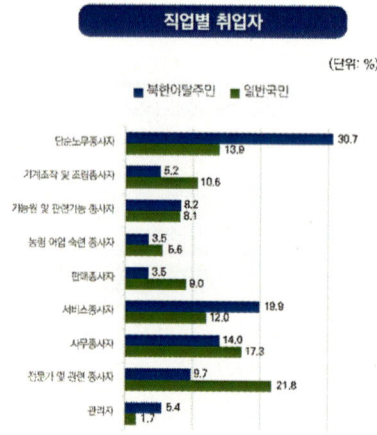

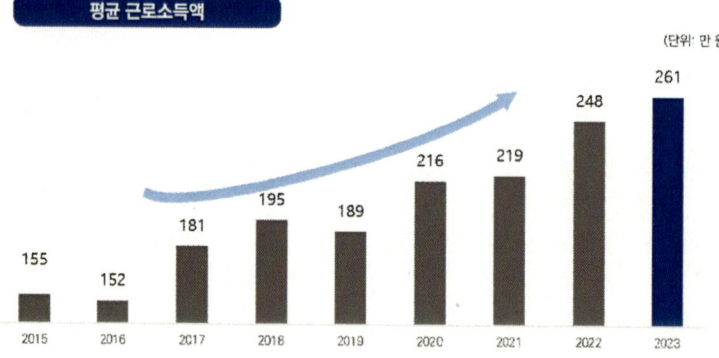

3. 실업자

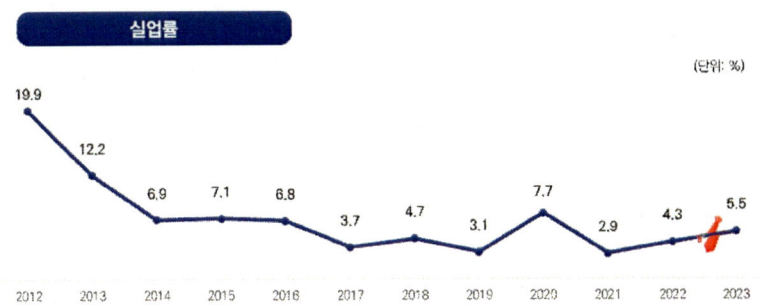

4. 소득, 저축, 부채

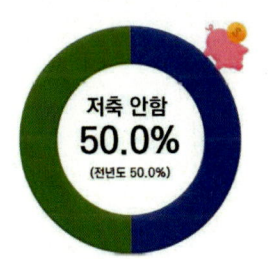

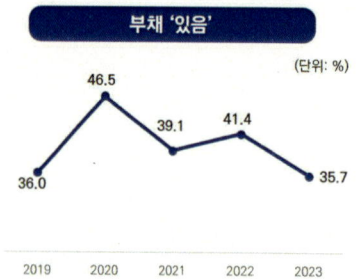

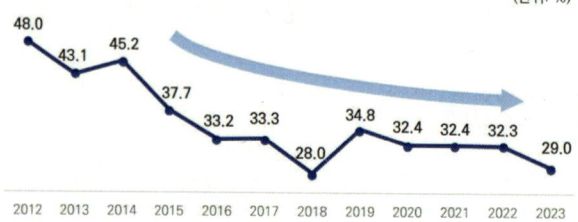

[요 약 문] ·· 5

I. 북한이탈주민 경제사회통합 실태조사 개요 ······················· 23

1. 조사의 의의와 목적 ··· 23
2. 조사의 범위 ··· 25
3. 조사의 방법 ··· 31
   1) 조사 표본 설계 ··· 31
   2) 조사 진행 방법 ··· 34
   3) 인구사회학적 배경 ·· 35

II. 북한이탈주민 사회통합 현황 ·· 39

1. 북한 또는 해외로의 이주 의향 ···································· 39
   1) 북한으로 돌아가고 싶다는 생각 ···························· 39
   2) 미국 또는 중국, 영국 등으로의 이주 ···················· 43
2. 대북송금과 역송금 ··· 45
   1) 대북송금 ·· 46
   2) 대북 역송금 ·· 62
3. 대북 통신 ··· 63
   1) 올해 연락 여부 ··· 63
   2) 연락 대상자 ·· 64
   3) 연락 목적 ·· 65
   4) 연락 방법 ·· 66
4. 교육 ·· 68
5. 건강 ·· 71
6. 소속감 ·· 76
7. 신뢰감 ·· 79
8. 다문화 수용성 ··· 81
9. 안전과 안정성 ··· 83
10. 한국생활 만족도 ·· 85
11. 과거청산 ·· 86

Ⅲ. 북한이탈주민 경제통합 현황 ··· 89

1. 북한이탈주민 경제활동인구 총괄 ·· 89
   1) 경제활동참가율 ·· 89
   2) 실업률 ·· 92
2. 북한이탈주민 경제활동인구 ·· 94
   1) 성별, 연령대별 경제활동인구 ·· 94
   2) 성별, 입국기간별, 연령대별 경제활동참가율 ······················ 95
   3) 한국 정착기간별 경제활동참가율 ·· 98
   4) 수도권-지방 거주자별 경제활동참가율 ································ 99
   5) 재북 학력별 경제활동참가율 ·· 100
   6) 경제활동을 하지 않는 이유 ·· 101
3. 북한이탈주민 취업자 ·· 105
   1) 성별, 연령대별 취업자 ·· 105
   2) 교육정도별 취업자 ·· 107
   3) 산업별 취업자 ·· 107
   4) 직업별 취업자 ·· 110
   5) 종사상 지위별 취업자 ·· 113
   6) 취업시간대별 취업자 ·· 118
   7) 취업자의 근로소득액 ·· 120
   8) 취업자의 근속 기간 ·· 122
   9) 기타 직장 관련 ·· 122
4. 북한이탈주민 실업자와 실업률 ·· 124
   1) 연령대별 실업자 및 실업률 ·· 124
   2) 교육정도별 실업자 및 실업률 ·· 125
   3) 한국 정착기간별 실업자 ·· 126
   4) 거주 지역별(수도권, 지방) 실업률 ······································ 126
   5) 기타 구직활동 ·· 127
5. 북한이탈주민의 소득, 저축, 부채 ·· 129
   1) 소득 ·· 129
   2) 저축 ·· 132
   3) 부채 ·· 137

4) 가족의 생활비 ·· 139
　　5) 자동차 보유 여부 ··· 140
　　6) 소비 만족도 ··· 141
　6. 정부 지원금 수급 ·· 142

[부록 1] 정부 정착지원 제도 주요 내용 ······················· 145
[부록 2] 북한이탈주민 경제활동 동향 조사결과 요약 ······ 147

〈표 차례〉

〈표 1〉 경제통합실태 항목분류와 조사항목 ·················· 28
〈표 2〉 용어 해설 ·················· 29
〈표 3〉 사회통합실태 항목분류와 조사항목 ·················· 30
〈표 4〉 지역별, 성별, 연령대별 모집단 수 ·················· 32
〈표 5〉 본 조사에서 추출한 권역별 표본 수 ·················· 33
〈표 6〉 지역별, 성별, 연령대별 응답자 수 ·················· 33
〈표 7〉 북한이탈주민 정착실태 패널단 ·················· 35
〈표 8〉 가구주와의 관계 ·················· 35
〈표 9〉 입국 연도 ·················· 36
〈표 10〉 정착 기간 ·················· 36
〈표 11〉 최종 학력 ·················· 37
〈표 12〉 북한으로 돌아가고 싶다는 생각 ·················· 39
〈표 13〉 북한으로 돌아가고 싶다는 생각(최근 3년) ·················· 40
〈표 14〉 북한으로 돌아가고 싶은 생각의 이유(다중응답) ·················· 40
〈표 15〉 미국, 영국 등 해외 이주 ·················· 44
〈표 16〉 2023년 대북송금 지역 ·················· 48
〈표 17〉 연간 송금 횟수 ·················· 48
〈표 18〉 1회 평균 송금 금액 ·················· 49
〈표 19〉 송금 의뢰를 받은 브로커(다중응답) ·················· 51
〈표 20〉 대북송금 계약 수수료 ·················· 52
〈표 21〉 대북송금 실제 수수료 구간 ·················· 53
〈표 22〉 북한 내 수취인(다중응답) ·················· 54
〈표 23〉 비용 마련 방법(다중응답) ·················· 55
〈표 24〉 연도별 대북송금 목적(다중응답) ·················· 56
〈표 25〉 송금 받은 돈의 예상 지출 내용(다중응답) ·················· 56
〈표 26〉 대북송금 지속 여부 ·················· 57
〈표 27〉 송금 전달 여부 확인 ·················· 58
〈표 28〉 대북송금 확인 방법(다중응답) ·················· 58
〈표 29〉 대북송금 시 걸린 기간 ·················· 59
〈표 31〉 대북송금의 영향 ·················· 60

〈표 32〉 역송금 경험	62
〈표 33〉 역송금 세부 내역	62
〈표 34〉 재북 가족 연락 여부	63
〈표 35〉 대북 연락 대상자(다중응답)	64
〈표 36〉 누가 먼저 연락하는가에 대한 여부	65
〈표 37〉 대북 연락 목적(다중응답)	65
〈표 38〉 대북 연락 방법	66
〈표 39〉 휴대폰 활용 교환 내용(다중응답)	67
〈표 40〉 연간 연락 횟수	67
〈표 41〉 북한에서의 최종 학력	68
〈표 42〉 한국에서의 추가 학력	69
〈표 43〉 직업훈련 받은 경험	69
〈표 44〉 직업훈련 받은 경험에 따른 경제활동 현황	70
〈표 45〉 현재 질병 유무	71
〈표 46〉 일상생활 지장 유무	71
〈표 47〉 병원에 가지 못한 경험 유무	72
〈표 48〉 우울감 유무	73
〈표 49〉 성별, 경제활동별 우울감 유무	73
〈표 50〉 지역주민, 한국국민, 한민족으로 가깝게 느끼는 정도	77
〈표 51〉 남북한 출신에 따른 차이와 동등한 지위 획득 가능성	79
〈표 52〉 남북한 출신 차이 및 동등한 지위를 가질 가능성	80
〈표 53〉 북한식 생활습관과 문화정체성에 대한 인식	81
〈표 54〉 북한의 생활습관 유지 및 북한식 정체성 지속 여부	82
〈표 55〉 항목별 느끼는 차별 정도	83
〈표 56〉 항목별 느끼는 차별 정도	83
〈표 57〉 지난 1년간 차별당해 본 경험	84
〈표 58〉 차별 경험 횟수	84
〈표 59〉 전반적 만족도	85
〈표 60〉 인권침해 가해자 처벌 여부	86
〈표 61〉 처벌대상자 범위	86
〈표 62〉 북한인권 개선을 위한 노력 주체	87
〈표 63〉 경제활동인구 총괄	90
〈표 64〉 성별, 연령대별 경제활동인구	95

〈표 65〉 성별 경제활동참가율 ·· 95
〈표 66〉 입국기간별 경제활동 참가율 ······································ 96
〈표 67〉 연령대별 경제활동참가율 ·· 97
〈표 68〉 한국 정착기간별 경제활동참가율 ······························ 98
〈표 69〉 거주 지역별 경제활동참가율 ······································ 99
〈표 70〉 북한 학력별 경제활동참가율 ···································· 100
〈표 71〉 경제활동을 하지 않는 이유(성별, 다중응답) ············ 103
〈표 72〉 경제활동을 하지 않는 이유(연령별, 다중응답) ········ 104
〈표 73〉 성별, 연령대별 취업자 ·· 105
〈표 74〉 연령대별 취업자 및 고용률 ······································ 106
〈표 75〉 연도에 따른 연령대별 고용률 ·································· 106
〈표 76〉 북한 교육정도별 취업자 ·· 107
〈표 77〉 북한이탈주민과 일반국민 산업별 취업자 ················ 108
〈표 78〉 연도에 따른 산업별 취업자 ······································ 109
〈표 79〉 성별에 따른 산업별 취업자 ······································ 109
〈표 80〉 연도에 따른 직업별 취업자 ······································ 111
〈표 81〉 성별에 따른 직업별 취업자 ······································ 112
〈표 82〉 연도별 취업자의 종사상 지위(무응답 포함) ············ 114
〈표 83〉 종사상 지위별 취업자(성별) ···································· 114
〈표 84〉 종사상 지위별 취업자(지역) ···································· 115
〈표 85〉 거주 지역별 4대 보험 가입 유무 ···························· 115
〈표 86〉 4대 보험 가입 유무 ·· 116
〈표 87〉 고용계약 기간 지정 유무 ·· 116
〈표 88〉 고용계약 기간 ·· 117
〈표 89〉 주당 총 근로시간 ·· 118
〈표 90〉 취업시간대별 취업자 ·· 118
〈표 91〉 지난주 36시간 미만 근무 이유 ································ 119
〈표 92〉 평소 36시간 미만 근무 이유 ···································· 119
〈표 93〉 취업자의 근로소득액 ·· 120
〈표 94〉 취업시간대별 월 평균근로소득 ································ 120
〈표 95〉 취업자(전체)의 종사상 지위별 평균근로소득 ·········· 121
〈표 96〉 36시간 이상 근무자의 종사상 지위별 평균근로소득 ···· 121
〈표 97〉 취업자의 근속 기간 ·· 122

〈표 98〉 직장 경로 ·· 122
〈표 99〉 사업장 규모 ·· 123
〈표 100〉 취업자의 직장 만족도 ························· 123
〈표 101〉 성별·연령대별 실업자 ··························· 124
〈표 102〉 연령대별 실업률 비교 ·························· 125
〈표 103〉 교육정도별 실업자 및 실업률 ············ 125
〈표 104〉 한국 정착기간별 실업자와 실업률 ···· 126
〈표 105〉 거주 지역별 실업률 ····························· 126
〈표 106〉 원하는 직장 형태 ·································· 127
〈표 107〉 구직활동 방법 ·· 128
〈표 108〉 최근 구직활동 방법 (%) ······················ 128
〈표 109〉 1개월 가족 총소득 ······························· 129
〈표 110〉 연도별 가족 총소득 비율 ··················· 130
〈표 111〉 가족수 별 가계 총소득 ······················· 131
〈표 112〉 본인 소득 만족도 ·································· 132
〈표 113〉 저축 여부 ·· 132
〈표 114〉 연도별 저축 여부 ·································· 133
〈표 115〉 한국 정착기간별 저축 여부 ················ 133
〈표 116〉 본인의 저축 액수 ·································· 134
〈표 117〉 가족의 저축액 합계 ····························· 134
〈표 118〉 연도별 가족저축액 합계 ····················· 135
〈표 119〉 저축을 하는 이유(다중응답) ··············· 135
〈표 120〉 저축 수준 만족도 ·································· 136
〈표 121〉 가족의 부채 여부 ·································· 137
〈표 122〉 가족의 부채 액수 ·································· 137
〈표 123〉 가족의 부채 사유(다중응답) ··············· 138
〈표 124〉 가족의 1개월 생활비 ···························· 139
〈표 125〉 자동차 보유 여부 ·································· 140
〈표 126〉 소비 만족도 ·· 141
〈표 127〉 생계비 수급 여부 ·································· 143
〈표 128〉 생계비 수급 가계 총소득 ··················· 143

〈그림 차례〉

〈그림 1〉 북한으로 돌아가고 싶은가에 대한 응답(최근 7년, %) ·················· 41
〈그림 2〉 북한 돌아가고 싶은 생각의 이유(최근 7년, %) ······················· 42
〈그림 3〉 해외 이주를 생각해 본 적 있음(최근 7년, %) ························ 44
〈그림 4〉 북한이탈주민의 북한 내 가족 송금 흐름도 ···························· 46
〈그림 5〉 입국 이후 한 번 이상 송금 경험에 대한 응답(%) ····················· 47
〈그림 6〉 대북송금 비율(최근 7년) ·· 50
〈그림 7〉 대북송금 총액 규모(최근 7년) ·· 50
〈그림 8〉 송금 의뢰를 받은 브로커(최근 6년, %) ······························· 52
〈그림 9〉 계약 수수료와 실제 수수료(최근 6년, %) ····························· 54
〈그림 10〉 연도별 재북 가족 연락(%) ··· 63
〈그림 11〉 경제활동별 우울감 유무(%) ·· 74
〈그림 12〉 우울감 유무(최근 6년, %) ·· 74
〈그림 13〉 소속감 척도 ··· 76
〈그림 14〉 지역주민, 한국국민, 한민족으로 가깝게 느끼는 정도(%) ············ 78
〈그림 15〉 지역주민, 한국국민, 한민족으로 가깝게 느끼는 정도(최근 6년, %) ··· 78
〈그림 16〉 남북한 출신 차이 및 동등한 지위를 가질 가능성(%) ················ 80
〈그림 17〉 북한의 생활습관 유지 및 북한식 정체성 지속 여부(%) ·············· 82
〈그림 18〉 북한이탈주민의 경제활동참가율, 고용률, 실업률(20년, %) ··········· 90
〈그림 19〉 북한이탈주민의 경제활동참가율, 고용률(최근 6년, %) ··············· 91
〈그림 20〉 북한이탈주민과 일반국민의 실업률, 경제활동참가율 비교(최근 11년, %) ···· 92
〈그림 21〉 수도권-지방 거주자별 실업률 비교(최근 12년, %) ·················· 93
〈그림 22〉 성별 경제활동참가율(최근 12년, %) ································· 96
〈그림 23〉 수도권-지방 거주자별 경제활동참가율(최근 12년, %) ··············· 99
〈그림 24〉 경제활동을 하지 않는 이유(%) ····································· 101
〈그림 25〉 성별 경제활동을 하지 않는 이유(%) ································ 102
〈그림 26〉 북한이탈주민과 일반국민 산업별 취업자(%) ························ 108
〈그림 27〉 직업별 취업자(%) ··· 110
〈그림 28〉 종사상 지위별 취업자(%) ··· 113
〈그림 29〉 부채 사유 중 주택 마련과 생활비 부족 비교(%) ····················· 139
〈그림 30〉 자동차 보유 여부(최근 12년, %) ···································· 140
〈그림 31〉 생계비 수급(최근 12년, %) ·· 142

I. 북한이탈주민 경제사회통합 실태조사 개요

1. 조사의 의의와 목적

북한이탈주민이 한국의 자본주의 체제에 성공적으로 정착하기 위해서는 체계적인 사회적 네트워크의 지지 속에서 갖는 심신의 안정은 물론, 기본적인 욕구를 해결할 수 있는 사회·경제적인 시스템 구축이 반드시 뒷받침돼야 한다. 특히 북한이탈주민이 기존에 경험하지 못한 자본주의라는 새로운 경제시스템에 적응하는 과정에서 경제적 안정은 매우 중요한 부분이다. 이러한 경제적 안정은 곧 취업을 통한 고정적 수입의 확보와 합리적이고 건전한 소비를 통해 이뤄진다고 할 수 있다.

(사)북한인권정보센터는 2005년 12월 북한이탈주민 경제활동 동향에 대한 첫 조사를 시작으로 매년 1회~2회 정기적인 조사를 진행해왔으며, 2015년부터 북한이탈주민 전문조사 기관인 ㈜엔케이소셜리서치와 함께 올해까지 총 20차례에 걸쳐 북한이탈주민 경제사회통합 실태조사를 진행해오고 있다.

경제통합 실태조사는 북한이탈주민의 경제활동 동향을 주기적으로 조사, 분석해 온 최초의 기초 조사 결과물이며, 향후에도 매년 정기 조사를 실시해 북한이탈주민의 고용동향과 경제활동 실태 및 변화 추이를 제공하게 될 것이라는 점에서 중요한 의의가 있다. 또한 이를 통해 북한이탈주민의 경제통합 실태에 관한 종합적 분석을 수행함으로써 이들의 사회 정착에 관련된 정책수립 과정에 기초자료를 제공하고자 한다.

본 조사는 통계청과 국제노동기구(ILO)의 경제활동 조사방법을 바탕으로 북한이탈주민의 특성을 반영한 경제활동인구조사에 관한 조사표를 완성한 후, 이를 토대로 국내 거주 북한이탈주민의 고용실태 등 경제활동 동향에 관한 조사연구를 수행하는 방식으로 이뤄졌다. 이를 통해 기존의 북한이탈주민 경제실태 조사 자료와의 상호 비교, 국가 표준 통계와의 비교, 국제 표준 통계와의 비교가 제한적으로 이뤄진 것을 보완하고자 했다. 또한 북한이탈주민이 한국사회에서 경제적으로 처한 실정을 보다 면밀하게 파악하기 위해서 이들의 경제활동을 정확하게 측정하는 것과 함께 그 결과를 국내 일반국민 통계와 비교해 그 변화 양상을 추적하고자 했다.

다음으로 사회통합 실태조사는 한국사회의 새로운 구성원으로서 주목받고 있는 북한이탈주민의 적응 실태를 사회 통합적 관점에서 살펴보고 있다. 북한이탈주민 사회통합 영역을 통합지표, 촉진요소, 기타 등의 영역으로 구분하고 이에 따른 세부지표를 설정해 지표별 항목 결과치를 측정했다. 본 조사를 통해 북한이탈주민의 경제적인 삶뿐만 아니라, 북한이탈주민이 우리 사회의 한 구성원으로서 가져야 하는 소속감과 정체성의 내재화가 얼마나 통합적으로 이뤄지고 있는지를 보여주고자 한다.

구체적인 실태조사 항목으로는 북한 혹은 제3국으로의 이주, 교육, 보건, 소속감, 다문화 수용성, 대북연락, 대북송금 등이 있다. 또 향후 과거사 청산에 대한 북한이탈주민의 인식조사도 포함했다.

북한이탈주민과 일반주민간 사회문화적 갈등과 상호간 편견, 고정관념, 부정적 인식 등은 북한이탈주민의 사회정착과 사회 구성원으로서의 통합을 저해하는 요인으로 작용하며, 향후 통일한국의 사회 통합에도 매우 큰 제약이 될 수 있다. 따라서 북한이탈주민의 사회정착 및 통합 실태를 정확하게 진단, 이들이 사회통합 과정에서 경험하는 장애요인을 규명하고 그 개선 방안을 개발하는 것은 매우 중요한 의미를 갖는다.

북한인권정보센터(NKDB)와 엔케이소셜리서치(NKSR)는 북한이탈주민의 한국사회 정착뿐만 아니라 사회통합 수준을 측정할 수 있는 사회통합지수 관련 실태조사를 이어 갈 예정이며, 이러한 조사를 통해 사회통합 수준과 문제점을 확인하고 그 개선 방안을 찾는 데 지속적으로 기여하고자 한다.

2. 조사의 범위

본 조사는 경제통합 실태조사와 사회통합 실태조사의 두 부분으로 나뉘어 진행했다. 이 중 경제통합 실태조사와 관련된 부분은 통계청이 매월 실시하는 경제활동인구조사의 항목을 일부 참고하고, 북한이탈주민에게 특수하게 적용되는 조사항목을 개발해 적용하고 있다.

경제통합 실태조사의 구체적인 내용은 인구학적 변수(성별, 생년, 교육 수준 등)와 경제활동 확인 항목(활동 상태, 취업 여부, 일시 휴직 여부 및 이유, 구직 여부), 취업자 항목[1](취업 시간, 주 36시

---

[1] 본 연구에서 취업자는 통계청이 정한 취업자의 정의를 따른다. 즉 조사 주간에 수입을 목적으로 1시간 이상 일한 자, 동일가구 내 가구원이 운영하는 농장이나 사업체의 수입을 위해 주당 18시간 이상 일한 무급가족종사자, 직업 또는 사업체를 가지고 있으나

간 미만 근무 이유, 평균 급여, 고용 계약기간, 직장 규모 및 직장 만족도, 직업의 산업 분류[2], 직업 분류[3], 종사상의 지위[4]), 실업자 항목[5](구직 기간, 희망 근무 형태, 미취업 사유), 비경제활동인구항목(취업 희망 여부, 취업 가능성 여부, 비구직 이유, 구직 경험) 등 통계청에서 조사하는 경제활동인구조사의 항목을 적용했다.

기타 항목으로는 본인 및 가족의 수입과 생활비 그리고 저축 및 부채에 관한 사항, 수입 및 지출의 만족도, 자동차 소유 여부 등의 항목을 포함했다. 이 밖에 생계비 수급자 여부 등 정부의 북한이탈주민 정착지원제도와 관련된 항목 일부를 조사했다.

이러한 조사결과를 바탕으로 북한이탈주민 경제활동인구[6], 비경제활동인구[7], 취업자[8], 실업자 및 실업률[9], 고용률[10] 등 북한이탈

일시적인 병, 사고, 연가, 교육, 노사분규 등의 사유로 일하지 못한 일시 휴직자를 말한다.
2) 산업분류란 취업자가 속한 사업체의 주된 경제활동을 의미하며 기준으로는 2017년에 개정된 10차 한국표준산업분류를 이용했다.
3) 직업분류란 조사 주간 중 취업자가 종사하고 있는 일의 기능별 종류를 말하며 2018년에 개정된 7차 한국표준직업분류 기준을 이용했다.
4) 종사상의 지위란 취업자가 실제로 일하고 있는 신분 또는 지위상태를 말하며, 자영업자, 고용주, 무급가족종사자, 상용근로자, 임시근로자, 일용근로자의 6가지로 분류한다.
5) 본 연구에서 실업자는 조사 주간을 포함한 지난 4주간 수입 있는 일을 하지 않았고, 적극적으로 구직활동을 했으며, 일이 주어지면 즉시 일할 수 있는 상태의 사람을 말한다.
6) 경제활동인구(economically active population)는 15세 이상 인구 중 조사 주간 동안 상품이나 서비스를 생산하기 위해 실제로 수입이 있는 일을 한 취업자와 일을 하지 않았으나 구직활동을 한 실업자를 말한다.
7) 비경제활동인구(not economically active population)는 15세 이상 인구 중 조사 주간에 취업도 실업도 아닌 상태에 있는 사람을 말하는데 이들은 주된 활동 상태에 따라 가사, 통학, 연로, 심신장애, 기타로 구분된다.
8) 취업자는 조사 주간에 소득, 이익, 봉급, 임금 등의 수입을 목적으로 1시간 이상 일한 자, 자기에게 직접적으로는 이득이나 수입이 오지 않더라도 가구단위에서 경영하는 농장이나 사업체의 수입을 높이는데 도와준 가족종사자로서 주당 18시간 이상 일한 자, 직업 또는 사업체를 가지고 있으나 조사 주간에 일시적인 병, 휴가 또는 연가, 노동쟁의 등의 이유로 일하지 못한 일시휴직자를 말한다.
9) 실업률은 경제활동인구 중 실업상태에 있는 사람의 비율을 말한다.
10) 고용률은 15세 이상 노동 가능 인구 중 취업자의 비율을 말한다.

주민의 경제통합 실태를 종합적으로 분석해 오고 있다.

　북한이탈주민 사회통합 실태조사 관련 조사항목으로는 이주에 대한 인식, 교육(입국 전 최종학력, 한국에서 교육 이수 여부, 직업훈련 유무), 보건(주관적 신체건강 수준, 질병 여부, 질병으로 인한 사회경제활동 어려움), 소속감(지역주민·한국 국민·한민족으로 느끼는 소속감), 동등하고 역량 있는 사회 구성원으로서 인정받는 정도, 다문화 수용성(북한이탈주민의 기존 문화와 정체성이 인정받는 정도) 등이다. 또한 북한이탈주민의 대북송금 및 대북통신과 관련된 현황을 포함했고, 중국 및 북한의 가족으로부터의 역송금 현황 항목도 포함돼 있다. 기타 차별 인식, 과거청산 항목 또한 조사했다.

　본 조사의 결과를 바탕으로 조금이나마 북한이탈주민을 우리 사회의 한 구성원으로 이해하고 받아들이는 데 도움이 되기를 바란다.

<표 1> 경제통합실태 항목분류와 조사항목

항목분류		조사 항목
인구학적 배경		가구주와의 관계, 성별, 생년, 입국연도, 최종 탈북연도, 하나원 수료 시점, 북한에서의 교육 수준, 남한에서의 교육 등
경제 통합	경제활동	활동 상태, 취업 여부, 일시 휴직 여부 및 이유, 1주간 구직 활동 여부, 4주간 구직 활동 여부 등
	취업자	취업 시간, 주 36시간 미만 근무한 이유, 취업 시기, 구직 경로, 산업 분류, 직업 분류, 종사자 규모, 4대 보험 가입 유무, 근로소득액, 근속 기간, 종사상의 지위, 고용계약, 직업 선택 기준, 직장 만족도 등
	실업자	취업 가능성, 구직 경로, 구직 기간, 희망 근무 형태 등
	비경제 활동인구	취업 희망 여부, 비구직 이유 등
	기타 경제생활	근로 외 수입, 정부 보조금 현황, 소득 만족도, 저축 상황, 부채 상황, 자동차 소유 여부, 소비 만족도 등

<표 2> 용어 해설

구분	의미
경제활동인구조사	15세 이상의 노동 가능 인구를 대상으로 이들의 경제활동 실태를 조사하는 것이다. 노동가능 인구는 경제활동인구와 비경제활동인구로 나눠지며, 경제활동인구는 취업자와 실업자로 구성된다. 이를 정밀하게 측정하기 위해서는 구조적이고 체계적인 조사지 구성과 분석이 필요하다.
경제활동인구	15세 이상 인구 중 조사 주간 동안 상품이나 서비스를 생산하기 위해 실제로 수입이 있는 일을 한 취업자와 일을 하지 않았으나 구직활동을 한 실업자를 말한다.
취업자	본 연구에서 취업자는 통계청이 정한 취업자의 정의를 따른다. 즉 조사 주간에 수입을 목적으로 1시간 이상 일한 자, 동일가구 내 가구원이 운영하는 농장이나, 사업체의 수입을 위해 주당 18시간 이상 일한 무급가족종사자, 직업 또는 사업체를 가지고 있으나 일시적인 병, 사고, 연가, 교육, 노사분규 등의 사유로 일하지 못한 일시 휴직자를 말한다.
실업자	본 연구에서 실업자는 조사대상 주간을 포함한 지난 4주간 수입 있는 일을 하지 않았고, 적극적으로 구직활동을 했으며, 일이 주어지면 즉시 일할 수 있는 사람을 말한다.
비경제활동인구	15세 이상 인구 중 조사대상 주간에 취업도 실업도 아닌 상태에 있는 사람을 말하는데, 이들은 주된 활동 상태에 따라 가사, 통학, 연로, 심신장애, 기타로 구분된다.

<표 3> 사회통합실태 항목분류와 조사항목

상위영역	하위영역		세부지표
통합지표	체제통합지표	교육	- 교육 성취정도(한국에서의 교육이수 여부, 입국 전 최종학력, 입국 후 최종학력)
		보건	- 건강 수준(질병 여부, 질병으로 인한 사회·경제 활동 어려움, 의료기관 이용 수준, 정신건강 정도)
	가치통합지표	소속감	- 지역주민, 한국 국민, 한민족으로 느끼는 소속감 - 외국으로 이민 갈 의향(입북 의사 유무, 해외로의 탈남 의사 유무)
		신뢰감	- 동등하고 역량 있는 사회구성원으로서 인정받는 정도
		다문화 수용성	- 북한이탈주민의 전통 문화와 정체성이 인정받는 정도
촉진요소	안전과 안정성		- 차별, 폭력, 집단 따돌림 등 인권침해로부터의 보호, 한국사회에 평등하게 참여할 수 있는 기회
기타	대북통신		- 대북 연락 유무, 연락 대상자, 연락 목적 및 연락 방법 등
	대북송금		- 대북 및 대중송금경험, 송금 지역 및 규모, 송금액 출처, 송금 수수료, 송금 목적, 송금 후 전달 확인 여부, 송금지속여부, 송금시의 영향, 역송금 경험, 역송금 비율 등
	과거사청산		- 북한인권 침해 가해자 처벌 필요성 및 처벌 범위

3. 조사의 방법

1) 조사 표본 설계

북한이탈주민을 대상으로 하는 본 실태조사는 접근성 및 시간, 비용 등 조건의 제약으로 표본조사를 실시했다.

표본 추출방법으로는 확률표본추출방법(probability sampling) 중 층화추출방법(stratified sampling)과 계통적 추출방법(systematic -sampling)에 의해 연령대별, 지역별 표본수를 결정하고 대상 지역의 북한이탈주민 거주자를 대상으로 단순무작위추출방법(simple random sampling)을 통한 표본 추출을 시도했고, 표본수의 측정에서 소수점 이하의 수는 절상했다.

2023년 9월 기준 국내 거주 북한이탈주민은 사망, 말소, 이민, 거주불명, 보호시설 생활자를 제외하고 31,312명이다. 본 조사는 사회통합 실태뿐 아니라 경제통합 실태조사를 포함하고 있기 때문에 만 15세 이상의 북한이탈주민을 모집단으로 신뢰도 95%, 오차율 ±5%를 적용하여 400명의 표본을 추출하여 북한이탈주민의 경제활동 동향을 조사하였다.

<표 4> 지역별, 성별, 연령대별 모집단 수

구분	15~19세		20대		30대		40대		50대		60대 이상		합계		
	남	여	남	여	남	여	남	여	남	여	남	여	남	여	계
강원	5	8	19	33	47	144	42	191	57	217	51	98	221	691	912
경기	111	131	378	592	801	2,100	618	2,458	537	2,161	337	738	2,782	8,180	10,962
경남	12	5	27	27	40	163	53	239	70	301	36	95	238	830	1,068
경북	10	10	27	24	45	197	43	279	66	276	36	123	227	909	1,136
광주	8	4	11	18	26	94	21	125	30	123	23	51	119	415	534
대구	1	9	13	15	23	87	33	157	40	157	16	78	126	503	629
대전	6	10	19	28	19	81	22	128	30	151	26	62	122	460	582
부산	9	9	28	33	31	112	43	218	59	179	47	106	217	657	874
서울	88	68	342	510	444	866	357	1,027	439	1,242	380	764	2,050	4,477	6,527
세종	0	2	0	2	1	23	4	36	1	24	2	6	8	93	101
울산	5	6	10	13	29	72	29	113	28	100	15	38	116	342	458
인천	43	45	110	147	208	560	168	571	152	552	102	241	783	2,116	2,899
전남	6	5	14	8	24	101	28	171	46	172	27	67	145	524	669
전북	5	3	8	12	29	65	18	106	27	173	26	60	113	419	532
제주	2	2	15	14	15	70	19	90	10	61	16	41	77	278	355
충남	17	13	38	75	88	291	73	394	77	418	59	147	352	1,338	1,690
충북	9	9	32	44	58	223	60	305	64	385	49	146	272	1,112	1,384
합계	352	339	1,111	1,595	1,958	5,249	1,671	6,608	1,783	6,692	1,308	2,861	7,968	23,344	31,312
	691명		2,706명		7,207명		8,279명		8,475명		4,169명		31,312명		
	2.1%		8.5%		23.0%		26.2%		27.0%		13.2%		100.0%		

※ 통계기준 : 2023년 9월 기준 15세 이상 인구 수(말소자 등 제외)

〈표 4〉의 인구분포 및 표본 설계에 따라 조사한 결과 지역·성·연령대별 표본 수 및 조사응답자 수는 다음과 같다.

〈표 5〉 본 조사에서 추출한 권역별 표본 수

구분	서울	부산	인천	대구	광주	대전	울산	경기	강원
표본 수	83	11	37	8	7	7	6	140	12
구분	충북	충남·세종	경북	경남	전북	전남	제주	합계	
표본 수	18	23	15	14	7	8	4	400	

〈표 6〉 지역별, 성별, 연령대별 응답자 수

구분	15~19세 남	15~19세 여	20대 남	20대 여	30대 남	30대 여	40대 남	40대 여	50대 남	50대 여	60대 이상 남	60대 이상 여	합계 남	합계 여	합계 계
강원	0	0	0	0	1	2	0	3	1	3	1	1	3	9	12
경기	1	2	5	7	9	27	8	31	5	28	5	9	33	104	137
경남	0	0	0	0	1	1	1	2	2	4	0	1	4	8	12
경북	0	0	0	0	0	3	1	4	1	4	0	2	2	13	15
광주	0	0	0	0	1	1	1	2	1	2	0	1	3	6	9
대구	0	0	0	1	0	1	1	2	1	2	0	1	2	7	9
대전	0	0	0	0	0	2	0	2	1	3	0	0	1	7	8
부산	0	0	0	1	0	4	1	2	1	2	1	1	3	10	13
서울	2	1	4	6	7	11	5	13	6	16	5	11	29	58	87
울산	0	0	0	0	1	1	1	0	1	0	0	2	4	6	
인천	0	1	1	2	2	7	2	7	2	7	1	3	8	27	35
전남	0	0	0	0	0	1	0	2	1	2	0	2	1	7	8
전북	0	0	0	0	0	1	1	2	2	0	1	1	6	7	
제주	0	0	0	0	0	1	0	1	0	1	0	0	4	4	
충남세종	0	0	1	0	0	4	0	6	1	5	1	2	3	17	20
충북	0	0	0	0	1	1	1	4	3	5	1	2	6	12	18
합계	3	4	11	17	23	68	23	84	26	87	15	39	101	299	400
	7		28		91		107		113		54		400		
	1.8%		7.0%		22.8%		26.8%		28.3%		13.5%		100.0%		

조사 설계에서 제시된 400명의 표본은 신뢰도 95%, 오차율 ±5%를 만족하는 최소 표본 380명에 지역별 비율을 고려하여 400명 수준으로 재조정한 값이다. 본 조사의 최종 참여자는 400명으로 제시된 표본 인구에 맞춰 조사가 이루어졌다.

조사에 참여한 북한이탈주민은 거주 지역별로는 서울 21.8%(87명), 경기도 34.3%(137명), 인천 8.8%(35명) 등 수도권 지역이 64.8%(259명)이고 지방은 35.2%(141명)이다. 성별은 여성이 74.7%(299명), 남성이 25.3%(101명)였고, 연령대는 50대 28.3%(113명), 40대 26.8%(107명), 30대 22.8%(91명), 60대 이상 13.5%(54명), 20대 이상 7%(28명), 10대 1.8%(7명) 순이었다.

이는 모집단의 수도권 지역 거주자 비율(65.1%), 여성 입국자 비율(74.6%) 및 연령별 전체 모집단 비율이 반영된 결과값이다.

2) 조사 진행 방법

본 조사는 (사)북한인권정보센터가 기존에 구성해 운영 중인 '북한이탈주민 정착실태 패널단' 및 '신규 패널단'을 대상으로 조사원 16명이 일반전화 및 휴대전화를 이용해 전화조사를 실시했다.

이번 조사에는 기존 '북한이탈주민 정착실태 패널단'의 74.3%가 참여했고, 25.7%가 '연락처 결번' 또는 '응답 거부' 등의 이유로 참여하지 못했다.

본 실태조사는 2023년 9월 18일부터 10월 13일 사이 연휴를 제외한 16일 동안 실시됐으며, 조사 시간은 오전, 점심시간, 오후, 저녁 시간으로 나누어 조사응답자가 참여하기 편한 시간으로 진행했다. 조사응답자별 전화조사 소요시간은 평균 20~30분 정도였다.

<표 7> 북한이탈주민 정착실태 패널단

구분	2022년		2023년	
	인원	비율	인원	비율
기존패널	284	71.2%	297	74.3%
신규패널	115	28.8%	103	25.7%
합계	399	100.0%	400	100.0%

3) 인구사회학적 배경

(1) 가구주

· 가구주가 누구인지를 묻는 문항에는 응답자 본인이 가구주인 경우가 79.2%(317명)으로 가장 많았고, 다음으로 배우자인 경우 13.7%(55명), 부모 4.5%(18명), 기타 1.5%(6명) 순으로 나타났으며, 그 외 응답은 1% 미만으로 나타났다.

<표 8> 가구주와의 관계

구분	인원	비율	구분	인원	비율
본인	317	79.2%	부모	18	4.5%
배우자	55	13.7%	미혼 형제자매	1	0.3%
미혼자녀	3	0.8%	기타	6	1.5%
합계				400	100.0%

(2) 입국 시기

· 조사응답자들의 한국 입국 시기를 살펴보면 2005년 이전 입국자 10.7%, 2006~2010년 입국자 33.0%, 2011년 이후 입국자 56.3%로 조사됐다.
· 최근 입국자의 경우 2021년 2명, 2022년 1명, 2023년 1명으로 전체의 1%를 차지하고 있다.

〈표 9〉 입국 연도

구분	인원	비율	구분	인원	비율
1996년~2000년	4	1.0%	2011년~2015년	144	36.0%
2001년~2005년	39	9.7%	2016년~2020년	77	19.3%
2006년~2010년	132	33.0%	2021년 이후	4	1.0%
합계				400	100.0%

(3) 정착 기간

· 응답자들이 초기정착을 위한 교육시설인 북한이탈주민정착지원사무소(하나원)를 퇴소한 후 실제 한국사회에 정착한 기간은 '5년 이하'가 15.2%, '6년~10년 이하' 30.3%, '11년~15년 이하'가 37.0%, '16년 이상'이 17.5%로 나타났다.

〈표 10〉 정착 기간

구분	인원	비율	구분	인원	비율
5년 이하	61	15.2%	11년~15년 이하	148	37.0%
6년~10년 이하	121	30.3%	16년 이상	70	17.5%
합계				400	100.0%

(4) 북한에서의 최종 학력

· 조사응답자들의 북한 최종 학력은 고등중학교 58.8%, 전문학교 15.5%, 대학교 이상 13.5%, 인민학교 9.2% 순으로 나타났다. 이는 국내 입국한 전체 북한이탈주민의 대학교 재학 이상 비율이 평균보다 높게 나타났으나 전반적으로는 재북 최종학력(인민학교 6.8%, 고등중학교 69.3%, 전문대 10.5%)과 유사한 값[11]이다.

〈표 11〉 최종 학력

구분	인원	비율	구분	인원	비율
인민학교 졸업	37	9.2%	대학교 이상	54	13.5%
고등중학교 졸업	235	58.8%	없음	12	3.0%
전문학교 졸업	62	15.5%	합계	400	100.0%

---

11) 북한이탈주민 학력별 입국 현황(23' 9월 말 입국자 기준), 통일부

구분	취학전아동	유치원	인민학교	고등중	전문대	대학이상	무학	기타	계
남	419	135	807	5,759	860	1,138	360	46	9,524
여	404	216	1,505	17,767	2,693	1,223	515	105	24,428
합계	823	351	2,312	23,526	3,553	2,361	875	151	33,952
	2.4%	1.0%	6.8%	69.3%	10.5%	7.0%	2.6%	0.4%	100.0%

II. 북한이탈주민 사회통합 현황

1. 북한 또는 해외로의 이주 의향

북한이탈주민의 한국사회 적응 및 통합 수준을 측정하는 방법에는 앞서 설명했던 세부 지표(〈표3〉 참조)들을 통해 측정하는 방법과 생활 만족도를 통해서 간접적으로 측정하는 방법이 있다. 이 외에도 현재 살고 있는 한국을 떠나 북한으로 다시 돌아가거나 또는 제3국으로 이민 가려는 의향을 통해 현재 생활에 대한 주관적 평가를 엿볼 수 있다.

1) 북한으로 돌아가고 싶다는 생각

· 북한으로 돌아가고 싶다고 생각한 북한이탈주민 비율은 북한으로 돌아가겠다는 의지를 나타내는 것이 아니라, 정착 과정과 완전한 대한민국 국민으로의 통합 과정에서의 어려움을 보여주는 결과값으로 해석할 필요가 있다.
· 응답자들에게 북한으로 다시 돌아가고 싶다는 생각을 해 본 적이 있는가를 질문한 결과, '한 번도 한 적이 없다'(82.7%), '그런 생각해 본 적이 거의 없다'(3.5%)를 제외한 13.8%는 '가끔, 종종, 또는 많이 한다'고 응답했다.

〈표 12〉 북한으로 돌아가고 싶다는 생각

구분	인원	비율	구분	인원	비율
많이 있음	6	1.5%	거의 없음	14	3.5%
종종 있음	8	2.0%	한 번도 없음	331	82.7%
가끔 있음	41	10.3%	합계	400	100.0%

<표 13> 북한으로 돌아가고 싶다는 생각(최근 3년)

구분	2021년		2022년		2023년	
	인원	비율	인원	비율	인원	비율
생각한 적 있다	75	18.5%	75	18.8%	55	13.8%
생각한 적 없다	332	81.6%	324	81.2%	345	86.2%
합계	407	100.0%	399	100.0%	400	100.0%

· 북한으로의 이주를 고려하는 구체적인 이유로는 '고향이 그리워서'(45.5%)나 '가족이 그리워서'(37.9%)를 우선적으로 언급했고, 다음으로는 '남한사회에 적응하기가 힘들어서'(13.6%)였다. 기타 의견으로 '몸이 아플 때와 그로 인한 외로움' 등이 있었다.

<표 14> 북한으로 돌아가고 싶은 생각의 이유(다중응답)

구분	2021년		2022년		2023년	
	인원	비율	인원	비율	인원	비율
고향이 그리워서	32	34.8%	38	37.6%	30	45.5%
가족이 그리워서	39	42.4%	40	39.6%	25	37.9%
남한사회에 적응하기 힘들어서	14	15.2%	16	15.8%	9	13.6%
기타	7	7.6%	7	6.9%	2	3.0%
합계	92	100.0%	101	100.0%	66	100.0%

· 이들이 한국 정착 이후에도 북한에서의 삶을 다시금 생각하는 이유는 자신의 가족들이 살고 있고 유년시절을 보낸 고향에 대한 그리움 때문인 경우가 대부분이다.
· 그 외 정착 과정에서 어려움이 생기거나 도움이 필요한 시점에 적절한 지원과 지지를 받지 못하는 상황이 발생할 경우, 상대적으로 이러한 어려움이 없었던 과거에 대한 그리움을 떠올리게 됨

을 알 수 있다.
· 북한으로 돌아가고 싶은가에 대한 응답은 지난 7년간 전반적으로 감소 추세이나, 코로나 시기 다소 증가했던 시기에는 남한에서의 생활에 대한 어려움이 북한으로 돌아가고 싶은 생각에 영향을 미치고 있음을 짐작할 수 있다.

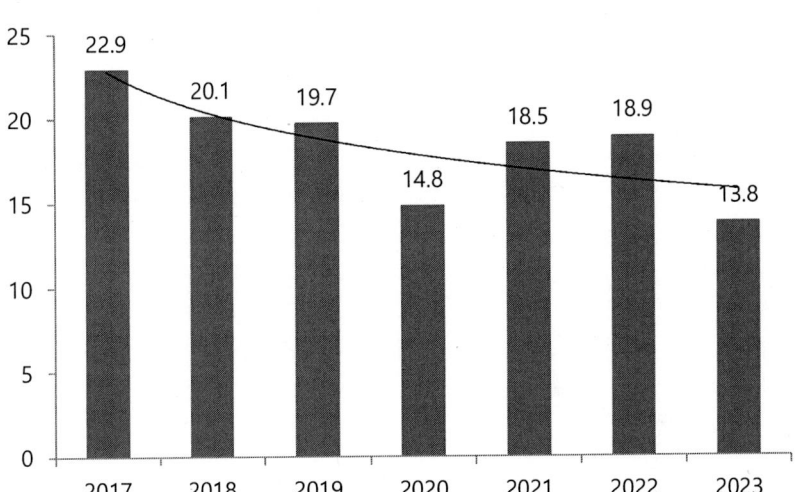

〈그림 1〉 북한으로 돌아가고 싶은가에 대한 응답(최근 7년, %)

· 북한으로 돌아가고 싶다는 생각은 '취업자나 실업자, 비경제인구'에 따른 분류로는 유의미한 차이를 보이지 않고 있음을 통해 경제적 상황과 관계없는 요인이 이들의 입북에 대한 생각에 영향을 미침을 엿볼 수 있다.
· 실제로 조사응답자들의 응답 중 북한에 남겨진 가족에 대한 그리움이나 남한 사회 적응과정에서 고락(苦樂)을 함께 공유하는 가족의 부재로 인한 외로움을 언급했는데, 이는 북한이탈주민에게는

경제적 안정만큼이나 심리적 지지와 안정적인 인적 네트워크 구성 또한 중요함을 알 수 있다.
- 특히 코로나 발생 이후 시기인 2020년 이후 남한사회에 적응하기 힘들다는 응답은 2020년까지 20%대를 유지하다가 2021년부터 10%대로 줄어든 반면, 가족에 대한 그리움과 고향에 대한 그리움의 합계는 기존 60%대에서 올해 80%대까지 증가하였다.
- 이는 코로나로 인한 격리에서 비롯된 사회적 단절과 함께 북한에 있는 고향에 대한 그리움과 남겨진 가족이 겪게 될 경제적 어려움에 대한 공감과 안타까움으로 볼 수 있다.

〈그림 2〉 북한 돌아가고 싶은 생각의 이유(최근 7년, %)

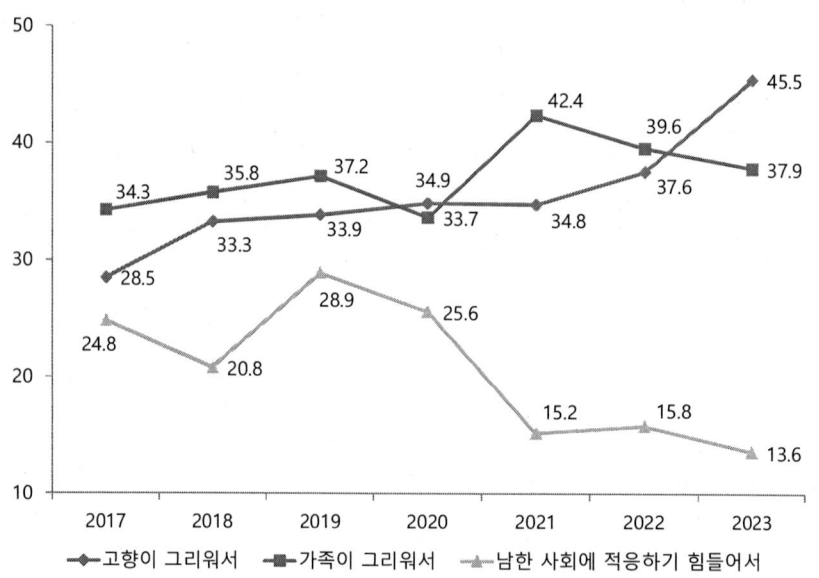

2) 미국 또는 중국, 영국 등으로의 이주

- 미국 또는 중국, 영국 등 기타 국가로 이주하고 싶다는 생각을 해 본 적이 있는가를 질문한 결과 73.3%는 '없다'(거의 없다 4.3%, 한 번도 없다 69.0%)고 응답했으나, 응답자의 약 1/4 가량은 '가끔, 종종, 많이'(26.7%) 생각해 본 적이 있다고 응답했다. 이는 '북한으로 돌아가고 싶다는 생각을 해 본 적이 있다'(13.8%)는 응답보다 높은 수치다.
- 해외 이주를 원하는 이유는 크게 3개의 이유로 나뉘는데 국내적 문제, 해외 경험, 교육차원으로 볼 수 있다.
- 국내적 문제로는 '한국사회 내 탈북민 차별 혹은 편견', '한국 정치와 교육제도에 대한 불만'과 '경제적인 문제'를 꼽았다.
- 해외 경험 차원으로는 '더 넓은 세상을 경험하고 싶어서', '한국보다 복지 정책이 더 좋은 것 같아서', '다양한 문화, 환경을 경험하고 싶어서' 등의 응답이 있었다. 교육차원에서는 '자녀교육이나 본인의 대학진학 등을 위해', '2세를 포함한 영어교육을 위해서'라고 응답했다.
- 국내 입국하는 북한이탈주민의 다수는 중국에서 일정 기간 생활을 하고 온 이들이기 때문에 '중국에 자녀 혹은 배우자(가족)가 있어서', '중국 거주 경험이 있어서', '중국 물가가 저렴해서' 중국 거주를 원한다는 응답자도 있었다.

〈표 15〉 미국, 영국 등 해외 이주

구분	2021년		2022년		2023년	
	인원	비율	인원	비율	인원	비율
많이 있음	19	4.7%	10	2.5%	5	1.3%
종종 있음	15	3.7%	20	5.0%	23	5.7%
가끔 있음	73	17.9%	69	17.3%	79	19.7%
거의 없음	24	5.9%	16	4.0%	17	4.3%
한 번도 없음	276	67.8%	282	70.7%	276	69.0%
무응답(응답거부)	0	0.0%	2	0.5%	0	0.0%
합계	407	100.0%	399	100.0%	400	100.0%

· 코로나 직전 연도와 코로나가 시작된 2019년, 2020년은 해외 이주에 대한 생각해 본 인원의 비율이 22%로 동일했으나, 코로나 이후인 2021년부터 상대적으로 해외 이주를 생각해 본 비율이 증가하고 있다.

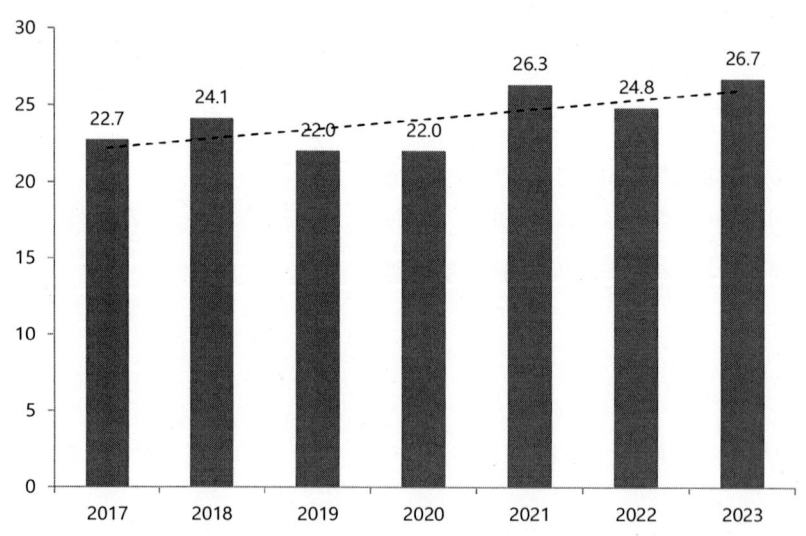

〈그림 3〉 해외 이주를 생각해 본 적 있음(최근 7년, %)

2. 대북송금과 역송금

국내 입국한 북한이탈주민이 정착하는 과정에서 겪는 어려움은 주로 경제적 어려움과 함께 다른 문화에서 오는 차이와 차별, 가족과의 이별이나 탈북 과정에서 오는 신체적 혹은 정신적 힘겨움으로 인한 고통 등이 있다. 이 중에서 북한 혹은 중국에 남겨진 가족에 대한 미안함과 그리움을 해결하기 위한 방안으로 대북 혹은 대중송금의 형태가 나타났고, 그 유형과 규모에 대한 조사는 2010년부터 진행해 오고 있다.

대북 및 대중송금과 관련된 조사 내용은 송금 경험과 송금지역, 송금 수수료, 송금 횟수, 송금 지속 의지, 송금 대상자와 송금 목적, 미송금 이유, 송금 비용 마련 방법 등으로 구성돼 있다.

북한으로의 송금방식은 시기별로 구체적인 방식에 일부 변화가 있기는 하지만, 대체적으로 국내 북한이탈주민이 북한에 남아있는 가족들로부터 송금 의뢰를 받으면 한국 혹은 중국 내 브로커를 통해 돈을 입금한다. 그 후 돈을 전달받은 브로커가 일정 수준의 수수료를 떼고 난 금액을 북한 내 가족에게 전달하는 방식이다. 이때 송금 수수료 비율은 브로커에 따라 차이가 있으며, 국가가 인정한 공식적인 송금 방식이 아니기 때문에 브로커에게 사기를 당하거나 송금이 북한 내 가족에게 전달됐더라도 이후 북한 보위부 등에 의해 회수당하기도 한다.

그러나 오랜 기간을 거쳐 검증된 브로커 네트워크가 생겨나면서 북한으로의 송금은 문제가 발생하지 않는 브로커에게 집중되고 있으며, 평균 수수료는 송금액의 30%로 알려져 왔다. 그러나 2019년 이후 발생한 코로나 유행으로 인해 북·중 국경 차단이 엄격해지고,

외부정보 유입에 대한 처벌 등이 강화되면서 송금 역시 그 영향을 받고 있다. 북·중 국경 차단이나 내부적 처벌이 강해질수록 이에 대한 위험도가 높아지고, 이는 수수료를 높이는 요인으로 작동될 수밖에 없다. 특히 북한에서 송금 브로커 활동을 했던 이들이나 송금을 받은 경험이 있는 이들이 한국으로 입국하면서, 해당 인원들의 증언을 통해 실제 북한에서 금액이 전달될 때 사전에 계약한 수수료율보다 더 높은 수수료가 지급되는 것이 일부 확인되었다.

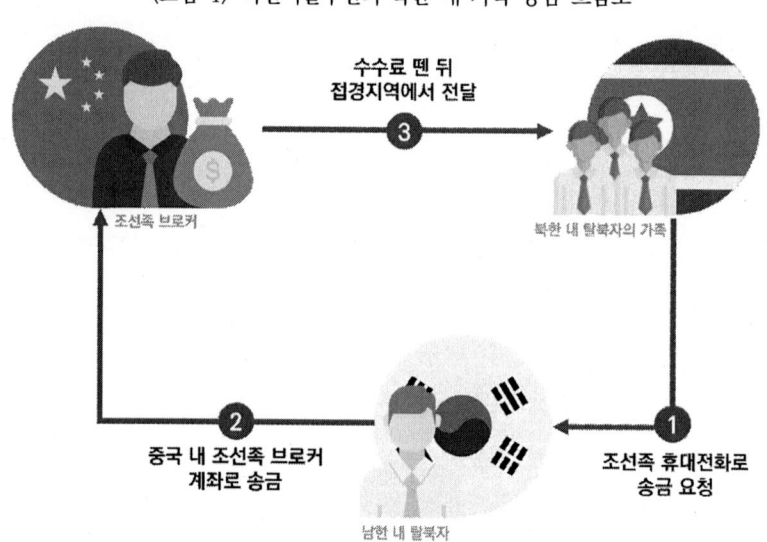

〈그림 4〉 북한이탈주민의 북한 내 가족 송금 흐름도

1) 대북송금

· 조사응답자 400명 중 올해 북한에 송금한 경험이 '없다'는 320명(80.0%), '있다'고 응답한 이들은 80명(20.0%)으로 대북송금을 한 인원의 비율은 지난해보다 2.2%p 증가한 수치이며, 올해 평

균 송금 횟수는 지난해와 비슷한 1.5회로 나타났다.
· 2023년 송금했다고 응답한 이들의 1인 평균 송금액은 367만 원, 연간 총 송금액은 29,410만 원으로 이는 지난해 추정 총 송금액 28,110만 원보다 1,300만 원가량 증가한 값이다. 응답자 중 연간 최고 송금액은 3,000만 원, 최저 송금액은 30만 원이었다.
· 국내 입국 이후 한 번이라도 송금해 본 적이 있는지에 대한 질문에 매년 평균 60% 이상의 응답자가 송금하고 있다고 응답하였다.

<그림 5> 입국 이후 한 번 이상 송금 경험에 대한 응답(%)

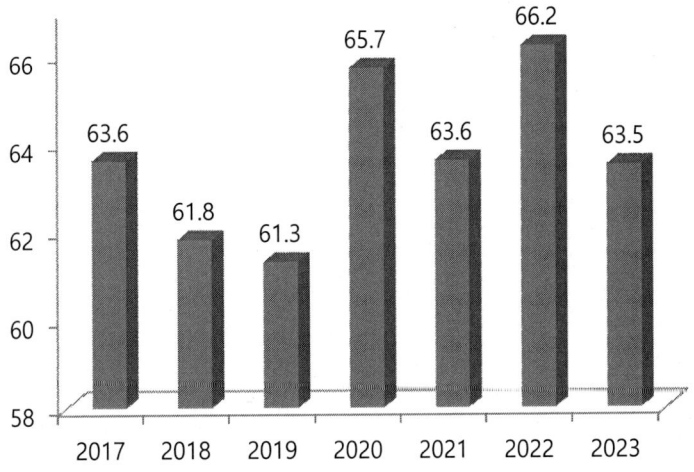

가. 대북송금 규모

· 송금한 지역은 양강도 53.7%, 함경북도 43.7%로 국내 입국한 북한이탈주민의 재북 당시 거주지 비율12)이 높은 지역이다.

〈표 16〉 2023년 대북송금 지역

구분	인원	비율	구분	인원	비율
양강도	43	53.7%	함경북도	35	43.7%
평안북도	1	1.3%	강원도	1	1.3%
합계				80	100.0%

· 2023년 한 해 동안 북한으로 송금한 횟수는 1회가 65.0%로 가장 많았고, 2회(23.7%), 3회(10.0%), 4회(1.3%) 순으로 나타났다.

〈표 17〉 연간 송금 횟수

구분	2021년		2022년		2023년	
	인원	비율	인원	비율	인원	비율
1회	54	63.5%	48	67.6%	52	65.0%
2회	21	24.7%	15	21.1%	19	23.7%
3회	8	9.4%	5	7.0%	8	10.0%
4회	2	2.4%	2	2.8%	1	1.3%
6회	0	0.0%	1	1.4%	0	0.0%
합계	85	100.0%	71	100.0%	80	100.0%

12) 북한이탈주민 재북 출신지역별 현황(23. 9월 말 입국자 기준), 통일부

구분	강원	남포	양강	자강	평남	평북	평양
인원	604	166	6,030	245	1,123	887	848
비율	1.8%	0.5%	17.8%	0.7%	3.3%	2.6%	2.5%
구분	함남	함북	황남	황북	개성	기타	계
인원	2,889	19,893	484	471	79	233	33,952
비율	8.5%	58.6%	1.4%	1.4%	0.2%	0.7%	100.0%

- 1회 평균 송금 금액으로는 '201만 원~300만 원'(26.3%)이 가장 높게 나타났고, '51만 원~100만 원'(17.5%), 다음으로 '501만 원 이상'(15.0%), '101만 원~200만 원'(13.7%) 순으로 나타났다.
- 지난해 1회 평균 송금 금액은 '201만 원~400만 원'과 '501만 원 이상'이 각각 22.5%로 함께 절반 수준을 차지한 반면, 올해는 비교적 고른 분포를 보이는 특징이 나타났다.

〈표 18〉 1회 평균 송금 금액

구분	2021년 인원	2021년 비율	2022년 인원	2022년 비율	2023년 인원	2023년 비율
50만 원 이하	4	4.7%	3	4.2%	5	6.2%
51만 원~100만 원	14	16.5%	13	18.3%	14	17.5%
101만 원~200만 원	34	40.0%	7	9.9%	11	13.7%
201만 원~300만 원	10	11.8%	16	22.5%	21	26.3%
301만 원~400만 원	5	5.9%	3	4.2%	9	11.3%
401만 원~500만 원	8	9.4%	12	16.9%	8	10.0%
501만 원 이상	10	11.8%	16	22.5%	12	15.0%
무응답	0	0.0%	1	1.4%	0	0.0%
합계	85	100.0%	71	100.0%	80	100.0%

- 대북송금 비율은 2019년 이후부터 감소하기 시작해 2022년 17.8%로 최저 수치를 보였다가 올해 2023년에 들어 상승했으며, 대북송금 총액도 2019년 이후부터 감소하였다가 2022년부터 전년 대비 증가하기 시작했다.
- 특히 올해는 재북 거주자와 연락을 한 적이 있는지에 대한 질문에 송금을 요청하는 재북 거주자의 연락을 먼저 받았다는 응답이 예년에 비해 5.0%p 증가했다.(〈표 36〉 참조) 이로 보아 코로

나19 발생으로 인한 국경폐쇄 등 북한 내 경제적 어려움을 해결하기 위해 북한에 있는 가족이 한국에 입국한 가족에게 송금을 요청하는 비율이 높아진 것으로 볼 수 있다.

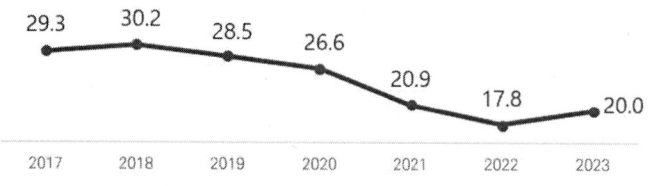

〈그림 6〉 대북송금 비율(최근 7년)

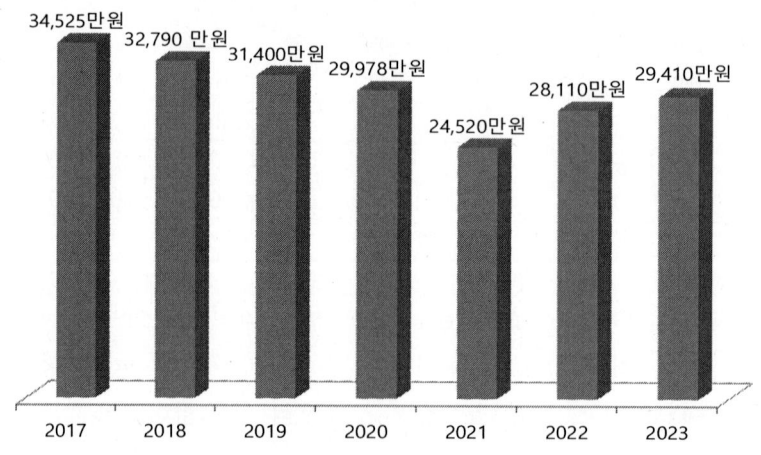

〈그림 7〉 대북송금 총액 규모(최근 7년)

나. 송금 관련 네트워크

(1) 송금 브로커

- 대북송금을 의뢰받는 대상자(브로커)는 '중국 조선족'(35.0%)이 가장 많은 것으로 응답받았고, 다음으로 '북한 내 북한주민'(32.0%), '북한이탈주민'(20.0%), '중국 내 북한주민'(6.0%), '한국인 브로커'(6.0%), '중국 한족'(1.0%) 순으로 나타났다.

〈표 19〉 송금 의뢰를 받은 브로커(다중응답)

구분	2021년		2022년		2023년	
	인원	비율	인원	비율	인원	비율
중국 한족	4	4.1%	3	3.4%	1	1.0%
중국 조선족	38	38.8%	35	39.8%	35	35.0%
중국 내 북한주민	6	6.1%	2	2.3%	6	6.0%
북한이탈주민	17	17.3%	8	9.1%	20	20.0%
한국인 브로커	3	3.1%	1	1.1%	6	6.0%
북한 내 북한 주민	30	30.6%	39	44.3%	32	32.0%
합 계	98	100.0%	88	100.0%	100	100.0%

- 송금 브로커는 매년 중국 조선족에 의뢰한 비율이 가장 높게 나타났다. 그러나 코로나의 영향으로 2021년 중국 조선족 응답 비율은 30% 후반대로 떨어지고 작년에는 북한 내 북한주민이라는 응답 비율이 가장 높게 나타났다. 그러나 올해는 북한이탈주민이라는 응답 비율이 20.0%로 수치적으로 큰 증가세를 보였다.
- 코로나로 폐쇄되었던 북·중 국경이 조금씩 개방되면서 교류가 시작되고 있지만 중국 조선족 브로커의 비율은 비슷하게 유지되는 반면 북한이탈주민 브로커가 크게 증가한 응답과 관련하여 구체적인 송금방식이나 거래방식은 추가적인 심층조사가 필요하다.

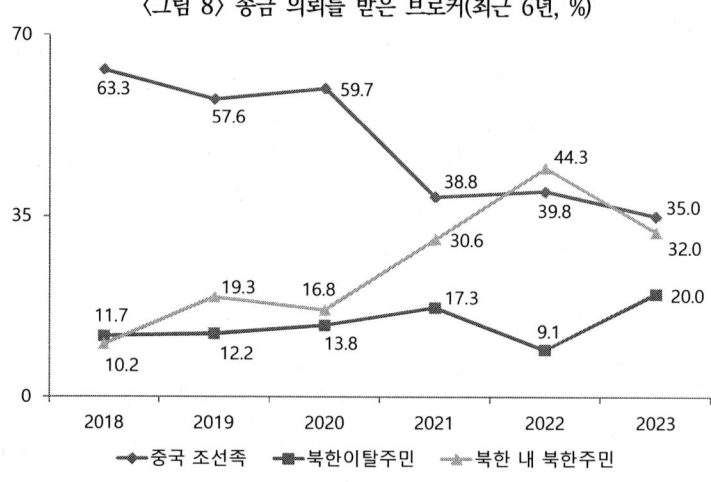

〈그림 8〉 송금 의뢰를 받은 브로커(최근 6년, %)

- 2023년 대북송금 시 계약한 수수료 비율을 조사한 결과, 평균 계약 수수료는 41.8%로 나타났으며, 세부적으로 '31%~40%'(43.8%)이 가장 많았고 다음으로 '21%~30%'(28.7%), '41%~50%'(20.0%), '51% 이상'(7.5%) 순으로 나타났다.
- 이는 지난해에는 21%~50% 사이가 전체의 94.4%를 차지한 비율과 유사한 수준으로 나타난다.

〈표 20〉 대북송금 계약 수수료

구분	2021년		2022년		2023년	
	인원	비율	인원	비율	인원	비율
10% 이하	2	2.4%	0	0.0%	0	0.0%
11%~20%	0	0.0%	3	4.2%	0	0.0%
21%~30%	41	48.2%	21	29.6%	23	28.7%
31%~40%	34	40.0%	28	39.4%	35	43.8%
41%~50%	6	7.1%	18	25.4%	16	20.0%
51% 이상	2	2.4%	1	1.4%	6	7.5%
합계	85	100.0%	71	100.0%	80	100.0%

- 대부분 응답자는 통상적인 수수료를 40~50%대 수준으로 인식하고 있지만, 브로커와의 사전유대관계와 전달 방식, 전달 지역에 따라 송금 수수료 차이가 발생하는 것으로 조사됐다.
- 송금 시 실제 지급되는 수수료 비율에 대한 응답은 평균 48.1%로 계약된 수수료 비율보다 6.3%p 높게 나타났다.

〈표 21〉 대북송금 실제 수수료 구간

구분	2021년		2022년		2023년	
	인원	비율	인원	비율	인원	비율
10% 이하	1	1.2%	0	0.0%	0	0.0%
11%~20%	1	1.2%	1	1.4%	0	0.0%
21%~30%	22	25.9%	9	12.7%	15	18.7%
31%~40%	36	42.4%	34	47.9%	30	37.5%
41%~50%	14	16.5%	20	28.2%	21	26.2%
51% 이상	2	2.4%	5	7.0%	5	6.3%
무응답(모름)	9	10.6%	2	2.8%	9	11.3%
합계	85	100.0%	71	100.0%	80	100.0%

- 송금 계약 시 브로커와 약속된 수수료 비율과 실제 북한 내 수취인이 받을 때 제하는 실제 수수료 비율은 매년 5% 이하 수준 차이로 실제 수수료 비율이 높은 것으로 조사되었으나 올해는 그보다 조금 더 높은 수준인 6.3%로 나타났다.

〈그림 9〉 계약 수수료와 실제 수수료(최근 6년, %)

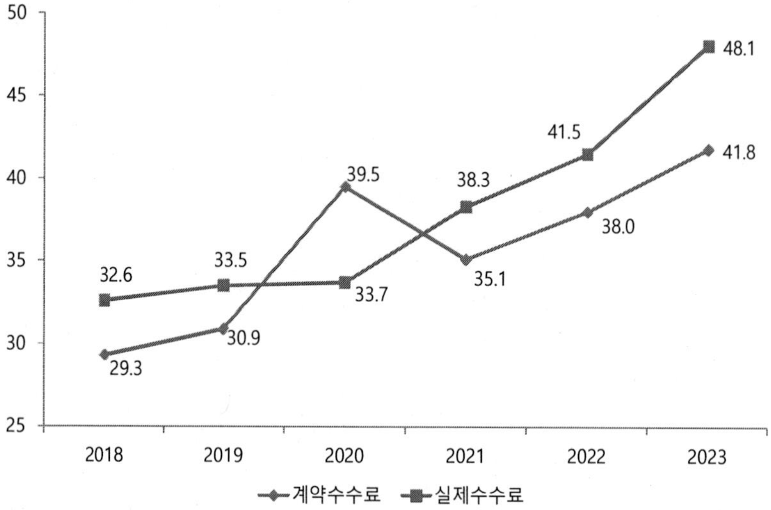

	2018	2019	2020	2021	2022	2023
계약수수료	29.3	30.9	39.5	35.1	38.0	41.8
실제수수료	32.6	33.5	33.7	38.3	41.5	48.1

(2) 수취인

· 북한에서 송금 받는 사람이 누구인지 조사한 결과, '부모'(40.6%), '형제자매'(31.1%), '자녀'(19.8%), '기타 친척'(7.6%) 순으로 나타났고, '친구'(0.9%)에게 송금했다는 경우도 있었다. 비율이 0.9%로
· 기타 친척이라고 응답한 경우는 배우자의 가족인 경우와 조카로 나타났다.

〈표 22〉 북한 내 수취인(다중응답)

구분	인원	비율	구분	인원	비율
부모	43	40.6%	기타 친척	8	7.6%
형제자매	33	31.1%	기타(친구)	1	0.9%
자녀	21	19.8%	합계	106	100.0%

(3) 송신인

- 북한으로 송금하기 위한 비용을 어떻게 마련했는지에 대한 질문에는 본인이 직접 '일해서 번 돈'(78.1%)이 가장 높았고, 다음으로 '정부의 정착금이나 지원금'(12.5%), '지인으로부터 빌림'(5.2%), '은행에서 대출'(2.1%), '기타'(2.1%) 순으로 나타났다.

<표 23> 비용 마련 방법(다중응답)

구분	2022년		2023년	
	인원	비율	인원	비율
은행에서 대출	5	5.7%	2	2.1%
지인으로부터 빌림	7	8.0%	5	5.2%
정부 정착금, 지원금	7	8.0%	12	12.5%
일해서 번 돈	64	72.7%	75	78.1%
기타	5	5.7%	2	2.1%
합계	88	100.0%	96	100.0%

- 올해 북한이탈주민이 북한으로 송금을 하는 가장 큰 목적으로는 북한에 남아있는 가족들의 '생활비 지원'(86.9%)이 가장 높았고, 다음으로 '의료비 지원'(4.8%), '수령자에 대한 미안함'(3.5%) 순이었다.
- 연도별로 대북송금 대부분은 재북 가족의 생활비를 보전할 목적으로 이루어지고 있음을 명확히 알 수 있다.

<표 24> 연도별 대북송금 목적(다중응답)

구분	2019	2020	2021	2022	2023
생활비 지원	85.5%	89.7%	88.2%	93.0%	86.9%
의료비, 교육비 지원	8.1%	2.2%	8.2%	2.8%	4.8%
부동산에 대한 투자자금 지원	1.1%	1.8%	1.2%	1.4%	1.2%
수령자에 대한 미안함	0.7%	0.4%	0.0%	1.4%	3.5%
탈북 비용 지원	2.8%	1.8%	0.0%	1.4%	1.2%
교육 비용 지원	0.0%	0.0%	0.0%	0.0%	1.2%
장사를 위한 투자자금 지원	0.0%	0.0%	0.0%	0.0%	1.2%
기타	1.8%	1.8%	1.2%	0.0%	0.0%
무응답	0.0%	2.2%	1.2%	0.0%	0.0%
합계	100.0%	100.0%	100.0%	100.0%	100.0%

· 북한으로 돈을 보내는 송신인의 목적과 관계없이 받은 돈을 실제로 어디에 가장 많이 쓸 것으로 예상하는지에 대한 질문에 대한 응답으로 '생활비로 지출할 것'(85.3%)이 가장 높았고, '의료비'(4.9%), '장사를 위한 투자자금'(3.8%), '탈북 비용 지원'(2.4%), '교육비'(1.2%), '부동산을 위한 투자자금'(1.2%)' 순으로 나타났다.

<표 25> 송금 받은 돈의 예상 지출 내용(다중응답)

구분	2022년		2023년	
	인원	비율	인원	비율
생활비 지원	66	93.0%	69	85.3%
의료비	1	1.4%	4	4.9%
교육비 지원	0	0.0%	1	1.2%
장사를 위한 투자자금	1	1.4%	3	3.8%
부동산에 대한 투자자금	2	2.8%	1	1.2%
탈북 비용 지원	1	1.4%	2	2.4%
기타	0	0.0%	1	1.2%
합계	71	100.0%	81	100.0%

· 앞으로도 계속 북한으로 송금을 할 생각인지를 묻는 질문에 대한 응답으로 '그렇다'(86.2%), '모르겠다'(7.5%), '아니다'(6.3%) 순으로 나타났다. 지난해와 비교하면 지속적으로 송금을 하겠다는 응답은 비슷한 수준으로 나타났다.

〈표 26〉 대북송금 지속 여부

구분	2021년		2022년		2023년	
	인원	비율	인원	비율	인원	비율
그렇다	70	82.4%	61	85.9%	69	86.2%
아니다	10	11.8%	4	5.6%	5	6.3%
모르겠다	5	5.9%	6	8.5%	6	7.5%
합계	85	100.0%	71	100.0%	80	100.0%

다. 송금 후 확인

· 2023년 북한으로 송금한 후 전달 여부를 확인하는지에 대한 질문에 대한 응답으로 대부분 '그렇다'(92.5%)가 차지했다.

〈표 27〉 송금 전달 여부 확인

구분	2021년		2022년		2023년	
	인원	비율	인원	비율	인원	비율
그렇다	78	91.8%	70	98.6%	74	92.5%
아니다	6	7.1%	1	1.4%	6	7.5%
무응답	1	0.1%	0	0.0%	0	0.0%
합계	85	100.0%	71	100.0%	80	100.0%

· 송금 전달 여부를 확인하는 74명의 송금 확인방법으로는 '수취인과 직접 통화'(59.4%), '전달자와 통화'(6.8%), '서신교환'(6.8%), '기타'(27.0%)으로 나타났다.
· 기타 방법으로는 수취인의 음성 녹음파일 전달이나 수취인과의 사진 교환, 문자 등이었다.
· 지난해와 비교해보면, 수취인과 직접 확인하는 것보다 전달자와 확인을 하거나 전달자가 전해주는 사진 및 음성파일로 확인하는 비율이 높아진 것으로 나타났다.

〈표 28〉 대북송금 확인 방법(다중응답)

구분	2022년		2023년	
	인원	비율	인원	비율
수취인과 직접 통화	47	67.1%	44	59.4%
전달자와 통화	4	5.7%	5	6.8%
수취인, 전달자와 서신교환	1	1.4%	5	6.8%
기타	18	25.7%	20	27.0%
합계	70	100.0%	74	100.0%

- 최근 송금 시 돈을 받기로 한 수취인에게 송금액이 도달하기까지 걸린 기간은 '당일'(67.5%)이라는 응답이 가장 많았으며, 송금에 걸리는 평균 기간은 지속적으로 단축되는 모습을 보이고 있다.
- 송금 시 수취인에게 도달하는 시간이 '당일'이라고 응답한 비율이 지난해와 비교하여 6.9%p 증가한 값을 보이는데, 이는 비공식적인 방법으로 이루어지기 때문에 필연적으로 발생하는 불확실성을 조금이나마 감소시키려는 노력의 일환으로 상승한 것으로 보이며, 송금방식에 대한 구체적인 내용에 대해서는 추가적인 조사가 필요한 상황이다.

〈표 29〉 대북송금 시 걸린 기간

구분	2021년		2022년		2023년	
	인원	비율	인원	비율	인원	비율
당일	37	43.5%	43	60.6%	50	67.5%
1일	13	15.3%	11	15.5%	9	12.2%
2-3일	13	15.3%	9	12.7%	4	5.4%
일주일 이내	9	10.6%	5	7.0%	6	8.1%
일주일 이상	4	4.7%	2	2.8%	3	4.0%
기타	2	2.4%	0	0.0%	1	1.4%
무응답	7	8.2%	1	1.4%	1	1.4%
합계	85	100.0%	71	100.0%	74	100.0%

라. 송금의 영향

- 대북송금이 북한사회에 어떤 영향을 미칠 것인가를 묻는 질문에 대한 응답으로 '한국사회를 동경한다'(43.7%)가 가장 많았으며, 다음으로는 '북한 시장 경제 활성화'(26.3%), '탈북의식을 높인다'(13.8%), '아무 영향 없다'(10.0%) 순으로 조사됐다.
- 대북송금이 북한사회에 어떤 방식으로든 영향이 있다고 응답한 비율의 총 비율은 85.0%로 '아무 영향 없다'(10.0%)의 약 8배 높게 나타났다.
- '기타'(5.0%) 의견으로는 '송금 받는 이들에게 경제적 도움이 된다(생활이 나아진다)', '실질적인 탈북에 도움이 된다' 등의 긍정적인 의견이 있는 반면, '보위부의 감시만 더 심해진다' 는 부정적인 의견도 있었다.

〈표 31〉 대북송금의 영향

구분	2022년		2023년	
	인원	비율	인원	비율
저항의식을 높인다	1	1.4%	1	1.2%
한국사회 동경	38	53.5%	35	43.7%
탈북의식 높인다	9	12.7%	11	13.8%
아무 영향 없다	10	14.1%	8	10.0%
북한 시장 경제 활성화	12	16.9%	21	26.3%
기타	1	1.4%	4	5.0%
합계	71	100.0%	80	100.0%

- 대북송금이 주는 영향력에 대한 응답 중 '한국사회를 동경하게 된다'는 응답은 지난해 53.5%에서 43.7%로 9.8%p 감소하였고, '북한 시장, 경제를 활성화 시킨다'는 응답은 16.9%에서 26.3%로 9.4%p 증가하였다.

- 북한으로의 송금의 가장 큰 목적에 대한 응답으로 '재북 가족의 생활비 보전'이었던 만큼 한국사회를 동경하는 영향보다 경제적인 지원 측면에서의 영향이 더 크다는 판단에서 위와 같은 응답이 나온 것으로 보인다.
- 여러 외부정보를 통해 한국의 경제상황이 북한보다 낫다는 사실이 북한 내부에 잘 알려진 점과 북한의 지속된 경제난이 최근 더 악화되었다는 점 역시 이러한 응답 결과에 영향을 미친 것으로 추측된다.
- 실제로 올해 북한으로 송금한 경험을 가진 80명 중 42.5%(34명)는 송금액이 '생활에 부족하다'고 생각했고, 27.5%(22명)은 '생활비로 딱 맞다', 30.0%(24명)는 '생활하기 충분하다'고 응답했다.

2) 대북 역송금

- 시장(장마당)을 중심으로 북한에서도 경제활동이 활발해지면서 개인이 부를 축적하는 현상이 나타났고 있다. 그 결과 한국에 정착했지만 경제적으로 어려움을 겪는 북한이탈주민에게 북한이나 중국에 거주하는 가족이 돈을 보내주는 '역송금' 현상이 나타났고 있다는 보도[13])에 따라, 본 조사에서는 국내 정착한 북한이탈주민의 역송금 실태를 확인해오고 있다.
- 올해 조사에서 역송금 받아본 경험이 있는 응답자는 3명으로 모두 기존에 역송금을 받아봤다고 응답한 패널이었다. 그 중 올해에도 역송금을 받은 응답자는 1명이었다.
- 역송금 지역을 보면, 2명은 중국으로부터 받았고, 나머지 1명은 북한에서 송금받았으며, 송금받은 금액은 100만 원 내외 수준이었다.

〈표 32〉 역송금 경험

구분	인원	비율
받은 적 있다	3	0.7%
받은 적 없다	397	99.3%
합계	400	100.0%

〈표 33〉 역송금 세부 내역

구분	연령대	퇴소년	역송금 지역	첫 역송금 연도	마지막 역송금 연도
case 1(기존)	40대	2008	중국	2009	2009
case 2(기존)	20대	2017	북한	2021	2023
case 3(기존)	50대	2014	중국	2022	2022

---

13) "北 주민, 남한 탈북자 가족에 생활비 송금을?", 〈YTN〉, 2014.08.28. https://www.ytn.co.kr/_In/0101_201408281424205617 (검색일: 2022.10.18.)

3. 대북 통신

1) 올해 연락 여부

· 북한이탈주민 중에는 북한에 두고 온 가족이나 친척과 지속적으로 연락하는 경우가 있으며, 특히 송금을 목적으로 북한내 가족과 연락을 지속하는 경우가 있다.
· '올해 재북 가족이나 친척, 친구와 연락을 한 적 있느냐'는 질문에는 '연락한 적 있다'가 23.7%로 나타났으며, 이는 지난해보다 1.9%p 증가한 값으로 코로나19 시기 중 급격하게 감소했던 수치가 점차 회복세를 보이고 있다.

<표 34> 재북 가족 연락 여부

구분	2022년		2023년	
	인원	비율	인원	비율
연락한다	87	21.8%	95	23.7%
연락 안 한다	308	77.2%	305	76.3%
무응답	4	1.0%	0	0.0%
합계	399	100.0%	400	100.0%

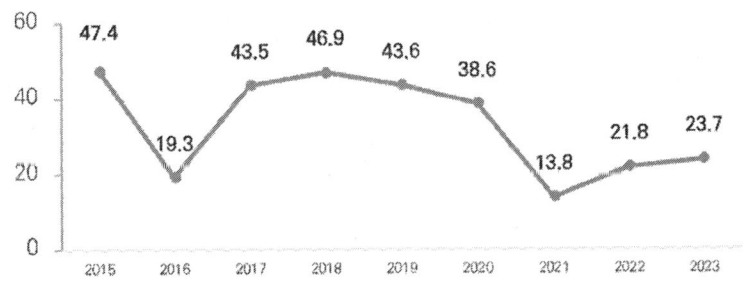

<그림 10> 연도별 재북 가족 연락(%)

2) 연락 대상자

· 북한에 있는 사람과 연락을 주고받은 응답자의 주요 연락 대상자는 '형제자매'(39.2%), '부모'(27.3%), '기타 친척'(13.6%), '자녀'(13.6%), '친구'(1.8%), '배우자'(0.9%) 순으로 나타났다.
· 기타 응답으로는 지인 등이 있었다.

〈표 35〉 대북 연락 대상자(다중응답)

구분	2022년		2023년	
	인원	비율	인원	비율
부모	30	30.3%	30	27.3%
형제자매	41	41.4%	43	39.2%
배우자	1	1.0%	1	0.9%
자녀	9	9.1%	15	13.6%
손자녀	0	0.0%	1	0.9%
조부모	3	3.0%	0	0.0%
기타 친척	10	10.1%	15	13.6%
친구	2	2.0%	2	1.8%
기타	3	3.0%	3	2.7%
합계	99	100.0%	110	100.0%

· 재북 인원과 연락을 주고받는 이들의 83.2%는 북한 쪽 상대방이 먼저 연락하는 것이며, 16.8%는 남한에서 북한 쪽으로 연락하는 것으로 나타났다.
· 지난해와 비교하면 북한 쪽의 상대방이 먼저 연락하는 경우가 5.0%p 증가하였고, 본인이 먼저 연락하는 비율은 3.9%p 감소하였다.

<표 36> 누가 먼저 연락하는가에 대한 여부

구분	2022년		2023년	
	인원	비율	인원	비율
본인(한국 거주자)	18	20.7%	16	16.8%
상대방(북한 거주자)	68	78.2%	79	83.2%
쌍방	1	1.1%	0	0.0%
합계	87	100.0%	95	100.0%

3) 연락 목적

· 북한과 지속적으로 연락하는 주요 목적은 '송금 및 전달 확인'(60.8%)과 '안부 묻기'(32.0%)가 응답의 대부분을 차지했다. 다음으로는 '사업 목적'(1.6%), '사람 찾기'(1.6%) 그리고 '탈북 및 국내입국 지원'(0.8%) 순으로 나타났다.
· 기타 응답으로는 다수가 '재북 가족으로부터의 도움 및 송금요청'이었다.

<표 37> 대북 연락 목적(다중응답)

구분	2022년		2023년	
	인원	비율	인원	비율
안부 묻기	38	30.4%	40	32.0%
사업 목적	6	4.8%	2	1.6%
송금 및 전달 확인	64	51.2%	76	60.8%
사람 찾기	1	0.8%	2	1.6%
북한 내부 상황 파악	1	0.8%	0	0.0%
탈북 및 국내 입국 지원	2	1.6%	1	0.8%
기타	13	10.4%	4	3.2%
합계	125	100.0%	125	100.0%

4) 연락 방법

· 북한과 연락을 주고받는다고 응답한 이들이 북한 쪽 상대방과 소통하는 방법은 '직접 전화 통화'(73.6%)가 압도적으로 많았고, '기타'(20.8%), '서신교환'(4.7%), '인편'(0.9%) 순으로 나타났다.
· '기타' 방법(20.8%)으로는 녹음된 내용을 전달해서 듣거나 사진, 모바일 메신저 등을 통해 간접적으로 소식을 받는 것으로 밝혀졌다.
· 북·중 국경강화와 외부정보 유입 차단을 위해 2021년 제정된 '반동사상문화배격법'과 삼엄해진 감시로 코로나 시기보다 직접적인 전화통화를 하는 비율이 줄어들고 '기타' 간접적인 방법을 이용하는 비중이 높아진 것으로 나타났다.

〈표 38〉 대북 연락 방법

구분	2021년		2022년		2023년	
	인원	비율	인원	비율	인원	비율
전화 통화	48	85.7%	78	85.7%	78	73.6%
서신교환	2	3.6%	1	1.1%	5	4.7%
인편	0	0.0%	1	1.1%	1	0.9%
기타	6	10.7%	11	12.1%	22	20.8%
합계	56	100.0%	91	100.0%	106	100.0%

· 휴대폰을 활용해 연락할 때 교환 내용에 대한 응답을 살펴보면 '음성 통화'(25.6%)의 비중이 가장 높았고, '사진'(25.0%), '영상통화'(17.5%), '음성 메시지'(17.5%), '동영상'(14.4%) 순으로 나타났다.

<표 39> 휴대폰 활용 교환 내용(다중응답)

구분	2021년		2022년		2023년	
	인원	비율	인원	비율	인원	비율
영상통화	10	12.5%	18	11.8%	28	17.5%
동영상	6	7.5%	20	13.1%	23	14.4%
사진	21	26.3%	40	26.1%	40	25.0%
음성 메시지	10	12.5%	19	12.4%	28	17.5%
음성통화	33	41.3%	56	36.6%	41	25.6%
합계	80	100.0%	153	100.0%	160	100.0%

· 이들의 연간 연락 횟수를 순서대로 살펴보면 '1~2회'(75.8%)의 비중이 가장 많았고, '3~5회'(17.9%), '20회 이상'(4.2%), '11~15회'(2.1%) 순으로 나타났다.

<표 40> 연간 연락 횟수

구분	2021년		2022년		2023년	
	인원	비율	인원	비율	인원	비율
1~2회	32	57.1%	57	65.5%	72	75.8%
3~5회	15	26.8%	15	17.2%	17	17.9%
6~10회	3	5.4%	8	9.2%	0	0.0%
11~15회	1	1.8%	1	1.1%	2	2.1%
16~20회	0	0.0%	1	1.1%	0	0.0%
20회 이상	2	3.6%	5	5.7%	4	4.2%
무응답	3	5.4%	0	0.0%	0	0.0%
합계	56	100.0%	87	100.0%	95	100.0%

4. 교육

- 학력은 인적자원의 가장 중요한 요소로 한국과 같은 자본주의 경제체제에서 취업, 소득, 직업 등과 관련해 밀접하게 작용하며, 최근 북한이탈주민의 학력이 그대로 인정되면서 당시의 교육 경험이 한국 사회에서도 중요하게 작용하는 경우가 있다. 하지만 선행연구에서도 확인되었다시피 북한이탈주민의 북한 거주 당시 평균 교육 수준은 낮은 편에 속한다.
- 이번 조사에서 전체 응답자의 9.2%가 재북 당시 '인민학교 졸업', 58.8%가 '고등중학교 졸업'의 학력을 갖고 있다. 전문학교와 대학교 이상의 고등교육을 받은 사람들은 전체 응답자의 29.0%였다.

<표 41> 북한에서의 최종 학력

구분	인원	비율	구분	인원	비율
인민학교 졸업	37	9.2%	대학교 이상	54	13.5%
고등중학교 졸업	235	58.8%	없음	12	3.0%
전문학교 졸업	62	15.5%	합계	400	100.0%

- 한국에서의 교육과정 수료는 북한이탈주민 개인의 인적자원을 보완할 수 있는 방법이다. 정부는 북한이탈주민이 전문대학, 시설, 기관에 입학하거나 일반대학 등에 진학해 일정 조건을 충족하는 경우 학비 전액 또는 일부를 지원하는 교육지원제도를 시행하고 있다.
- 본 조사 전체 응답자의 42.0%가 한국에 입국 후 추가 교육을 받은 것으로 나타났다. 구체적으로는 전문대 이상의 교육을 받은 경우(재학생과 졸업생 포함)가 37.7%이고, 고등학교

교육 2.5%, 중학교 0.5%, 기타 1.3%였다.
- 응답자의 58.0%는 한국에서 별다른 추가 교육을 받지 않은 것으로 나타났다.

〈표 42〉 한국에서의 추가 학력

구분	인원	비율	구분	인원	비율
중학교 졸업	2	0.5%	없음	232	58.0%
고등학교 졸업	10	2.5%	기타	5	1.3%
전문대 이상	151	37.7%			
합계				400	100.0%

- 한편 공식적인 학교 교육 외에 개인의 인적 자본을 보완할 수 있는 방법 중 하나는 직업훈련교육이다. 국내 입국한 북한이탈주민은 직업훈련시간에 따른 장려금과 우선선정직종에 해당하는 직업훈련을 받을 경우 추가 장려금[14]을 지원받을 수 있었다.
- 이번 조사에서 전체 응답자의 63.7%(255명)가 한국에서 직업훈련교육을 '받았다'고 응답했다.

〈표 43〉 직업훈련 받은 경험

구분	인원	비율
직업훈련 받은 적 있다	255	63.7%
직업훈련 받은 적 없다	145	36.3%
합계	400	100.0%

---

[14] 정착지원법령 개정(2014.11.29.)으로 2014.11.29 이후 입국자에게는 직업훈련 장려금 및 자격취득장려금이 적용되지 않는다.

- 직업훈련을 받은 적 있다고 응답한 이들 중 취업자는 71.8%였고, 직업훈련을 받은 적 없다고 응답한 이들 중에는 51.0%가 취업자였다.
- 직업훈련을 받은 이들과 받지 않은 이들의 취업자 비율은 20.8%p 차이로 직업훈련을 받은 경우 취업자 비율이 더 높게 나타났다.
- 이는 직업훈련과 경험이 취업에 긍정적 영향을 준다고 볼 수 있지만, 이들이 받은 직업훈련 내용과 현재 직장의 업무가 일치하지 않는 경우가 많아 실질적으로 연결되는 경우는 매우 낮은 편이었다.

〈표 44〉 직업훈련 받은 경험에 따른 경제활동 현황

구분		취업자	실업자	비경제인구	합계
직업훈련 받은 적 있다	인원	183	9	63	255
	비율	71.8%	3.5%	24.7%	100.0%
	비율	71.2%	60.0%	49.2%	63.7%
직업훈련 받은 적 없다	인원	74	6	65	145
	비율	51.1%	4.1%	44.8%	100.0%
	비율	28.8%	40.0%	50.8%	36.3%
합계	인원	257	15	128	400
	비율	64.3%	3.8%	32.0%	100.0%
	비율	100.0%	100.0%	100.0%	100.0%

5. 건강

- 건강은 개인의 사회경제활동의 핵심 조건이다. 선행연구에 따르면 상당수 북한이탈주민의 건강상태는 탈북과정에서의 상해 또는 정신적 트라우마 등으로 인해 양호하지 않으며 만성질환 이환율이 일반국민과 비교해 월등히 높은 편이다. 이러한 건강상태는 취업을 포함한 사회경제적 생활의 영위를 어렵게 만드는 것으로 알려져 있다.[15]
- 현재 앓고 있거나 치료받고 있는 질병이 있는지 질문한 결과 전체 응답자의 49.2%(197명)가 '있다'고 응답했다.
- 질병이 있다는 응답자(197명) 중 78.2%가 '일상생활에 지장이 있었다'고 응답했고, 나머지 21.8%는 '지장이 없었다'고 밝혔다.

〈표 45〉 현재 질병 유무

구분	2022년		2023년	
	인원	비율	인원	비율
질환이 있다	192	48.1%	197	49.2%
질환이 없다	207	51.9%	203	50.8%
합계	399	100.0%	400	100.0%

〈표 46〉 일상생활 지장 유무

구분	2022년		2023년	
	인원	비율	인원	비율
전혀 지장이 없었다	14	7.3%	14	7.1%
별로 지장이 없었다	21	10.9%	29	14.7%
조금 지장 있었다	83	43.2%	77	39.1%
매우 지장 있었다	74	38.5%	77	39.1%
합계	192	100.0%	197	100.0%

---

15) 윤인진·김숙희. 2005. "국내 탈북자의 건강과 의료." 『보건과 사회과학』 17: 149-182; 윤인진. 2007. "북한이주민의 건강과 경제적응의 관계." 『보건과 사회과학』 21: 65-97.

- 질병이 있을 때 적절한 의료 서비스를 제공받는 것은 건강한 생활을 하기 위한 필수조건이다. 북한이탈주민은 정부 정책에 의해서 입국 초기 대상자(거주지 보호기간 5년 이내)는 보통 의료급여 1종 수급권자로 지정돼 병원 입원비용이 무료이고 외래 진료의 경우에도 낮은 비용만 부담하면 된다.
- 북한이탈주민 중 거주지 보호기간이 종료되더라도 국민기초생활보장법에 따라 1종 의료급여 대상이 아닌 가구는 2종 수급권자로 지정돼 병원 입원비용의 10%만 부담하면 된다.
- 이와 같은 혜택에도 불구하고 전체 응답자의 20.3%는 '최근 1년' 동안 병·의원에 가고 싶을 때 가지 못한 적이 있다'고 응답했다.

〈표 47〉 병원에 가지 못한 경험 유무

구분	2022년		2023년	
	인원	비율	인원	비율
예	79	19.8%	81	20.3%
아니오	319	79.9%	319	79.7%
무응답	1	0.3%	0	0.0%
합계	399	100.0%	400	100.0%

- 병원을 가지 못한 이유는 병원비가 부담된다는 의견도 있었으나 해당 질병에 대한 충분한 정보가 없어서, 그리고 일, 육아 등 시간에 쫓겨 병원을 갈 수 없었다는 응답도 있었다.
- 일부 북한이탈주민은 신체 건강뿐 아니라 정신 건강에서도 양호하지 않은 것으로 보고됐는데, 이번 조사에서도 전체 대상자의 33.2%(133명)가 최근 1년 동안 연속적으로 2주 이상 일상생활에 지장이 있을 정도로 슬프거나 절망감을 '느낀 적이 있다'고 응답했다.

〈표 48〉 우울감 유무

우울감	인원	비율
예	133	33.2%
아니오	267	66.8%
합계	400	100.0%

· 우울감을 느낀다는 응답자 비율은 '취업자'(22.6%)에 비해 '비경제활동인구'(51.6%)와 '실업자'(60.0%)에서 높게 나타났는데, 이는 북한이탈주민 역시 구직과정에 있거나 경제적으로 취약한 상황에 있는 사람일수록 우울감을 느끼는 비율이 상대적으로 높은 것으로 조사됐다.
· 또한 우울감을 느낀다는 응답자 중 '남성'(16.8%)보다 '여성(38.8%)'이 더 높게 나타났다.

〈표 49〉 성별, 경제활동별 우울감 유무

우울감	남성	여성	합계	취업자	실업자	비경제활동인구	합계
예	17	116	133	58	9	66	133
	16.8%	38.8%	33.2%	22.6%	60.0%	51.6%	33.2%
아니오	84	183	267	199	6	62	267
	83.2%	61.2%	66.8%	77.4%	40.0%	48.4%	66.8%
합계	101	299	400	257	15	128	400
	100.0%	100.0%	100.0%	100.0%	100.0%	100.0%	100.0%

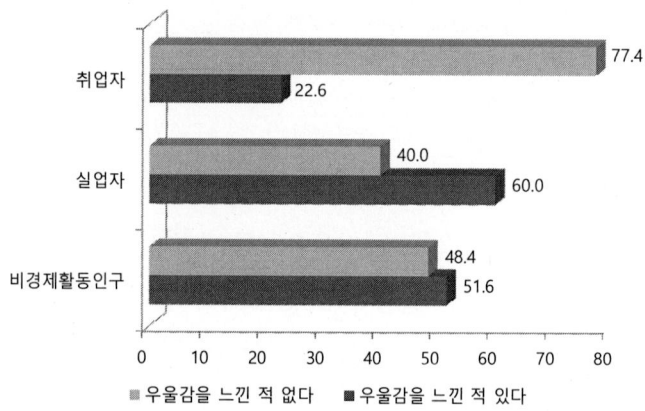

〈그림 11〉 경제활동별 우울감 유무(%)

· 최근 1년 동안 연속적으로 일상생활에 지장이 있을 정도로 슬프거나 절망감을 느낀 적이 있었는지에 대해 '그렇다'는 응답이 코로나 발생시점인 2019년 이전 20%대에서 코로나 발생 이후 30%대로 그 비율이 증가하여 유지되는 상태를 보인다.

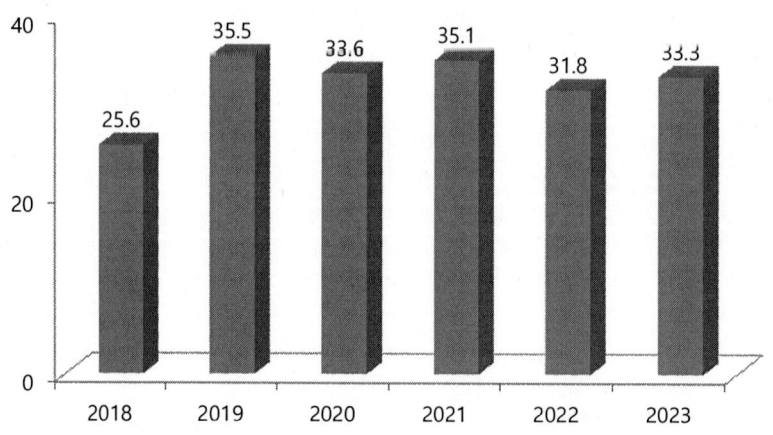

〈그림 12〉 우울감 유무(최근 6년, %)

· 코로나로 인한 사회적 거리두기가 해제된 이후에도 우울감의 비율이 유지되는 현황으로 볼 때 주변 연계가 상대적으로 약한 북한이탈주민을 위한 사회적 관심이 필요하다고 볼 수 있다.

6. 소속감

- 북한이탈주민의 사회통합에서 물질적 또는 구조적 차원의 통합 못지않게 중요한 것은 심리적 또는 가치 통합이다. 자신이 참여하고 있는 사회에 소속감을 느끼는 것은 심리적 통합의 가장 기본적인 조건이라고 할 수 있다.
- 여기에서는 북한이탈주민이 자기가 속한 지역사회의 주민으로서, 대한민국 국민으로서, 그리고 한민족으로서 얼마나 소속감을 느끼는가를 질문했다.
- 세 개 항목에 대해 4점 척도로 조사가 이루어졌고, '매우 그렇다'에 1점, '전혀 그렇지 않다'에 4점을 부여했다.
- 조사 결과 평균값을 기준으로 보면 세 항목에서 모두 '매우 그렇다'(1)와 '대체로 그렇다'(2) 사이의 값을 보였으며, 한민족으로서의 소속감은 평균 1.29점, 대한민국 국민으로의 소속감은 평균 1.28점, 지역사회 주민으로의 소속감은 평균 1.72점으로 나타났다.

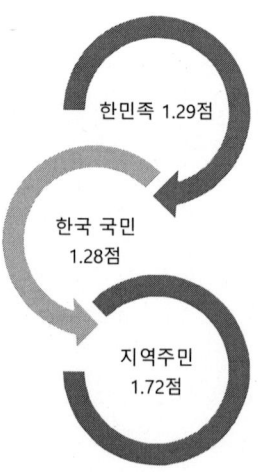

〈그림 13〉 소속감 척도

- 구체적인 비율을 살펴보면 스스로 '한민족으로 느낀다'고 응답한 비율은 94.2%였고 '그렇지 않다'고 응답한 비율은 5.8%였다. '대한민국 국민으로 느낀다'고 응답한 비율은 95.5%였고 그렇게 '느끼지 않는다'고 응답한 비율은 4.5%였다. '지역사회 주민으로 느낀다'는 사람들의 비율은 81.7%였고 그런 느낌을 갖지 못하는 사람들의 비율은 18.3%였다.
- 지역사회 주민으로서의 소속감은 한국 국민이나 한민족으로 느끼는 소속감보다는 상대적으로 구체적이며 일상에서 직접 체감하며 느낄 수 있는 감정이다. 따라서 지역사회 주민으로서 소속감을 느끼지 못한다는 부정적인 응답은 지역사회에 정착하며 생활하는 과정에서 느끼는 차별의식, 상대적 박탈감이나 지역주민과의 연계 부족, 직장 내 어려움 등에서 비롯된 현실적인 거리감이 반영된 것으로 볼 수 있다.

〈표 50〉 지역주민, 한국국민, 한민족으로 가깝게 느끼는 정도

구분	지역사회 주민		한국 국민		한민족	
	인원	비율	인원	비율	인원	비율
매우 가깝다	203	50.7%	306	76.5%	316	79.0%
대체로 가깝다	124	31.0%	76	19.0%	61	15.2%
별로 가깝지 않다	56	14.0%	18	4.5%	16	4.0%
전혀 가깝지 않다	17	4.3%	0	0.0%	7	1.8%
합계	400	100.0%	400	100.0%	400	100.0%

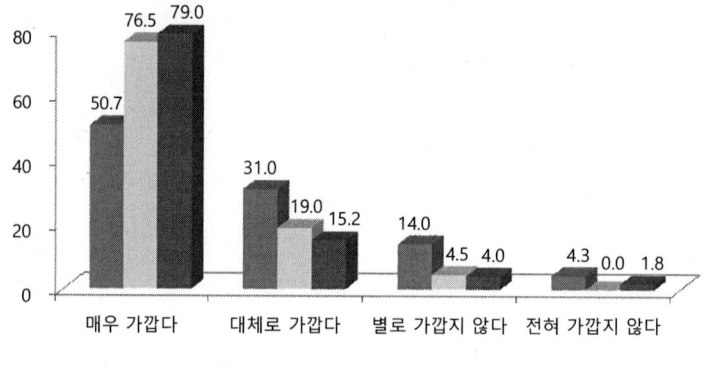

〈그림 14〉 지역주민, 한국국민, 한민족으로 가깝게 느끼는 정도(%)

- 지역사회 주민으로서의 소속감은 2019년 코로나 발생 당시 '매우 가깝다'는 강한 긍정 응답이 32.3%로 감소한 반면, '대체로 가깝다'는 응답은 49.0%에 이르렀다.
- 2020년 이후 긍정적인 응답은 코로나 이전 시기 수준으로 회복한 이후 금년까지 큰 변동은 없으나, '가깝지 않다'는 부정적인 응답의 비중은 2021년 이후 조금씩 증가하는 추세이다.

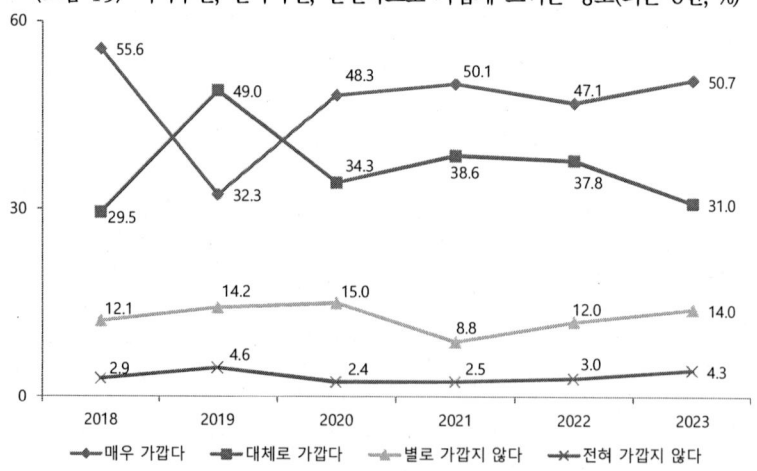

〈그림 15〉 지역주민, 한국국민, 한민족으로 가깝게 느끼는 정도(최근 6년, %)

7. 신뢰감

- 한국사회의 구성원으로 느끼는 소속감은 자신이 일반국민과 동일하게 인정받고 동등한 기회를 갖는다고 인식할 때 생길 수 있다. 여기에서는 남북한 출신에 따른 차이와 동등한 지위 획득 가능성에 대해 질문했다.
- 두 개의 질문항목에 대해 5점 척도로 조사가 이루어졌고, '매우 그렇다'에 1점, '전혀 그렇지 않다'에 5점을 부여했다. 조사 결과 남북한 출신에 따른 차이가 있다는 인식은 평균 3.22점으로 '그저 그렇다' 수준의 값을 보였으며, 열심히 일하면 남한 주민과 같은 지위를 획득할 수 있다는 인식은 평균 1.87점으로 '대체로 그렇다'는 응답값을 보였다.

〈표 51〉 남북한 출신에 따른 차이와 동등한 지위 획득 가능성

남북출신 차이	남북지위 극복
3.22	1.87

- 북한이탈주민은 북한 출신이기 때문에 남한 주민과 똑같기 어렵다고 생각하는가를 질문한 결과 전체 응답자의 55.3%가 '그렇다'고 응답했고 44.5%가 '그렇지 않다'고 부정했다. 또한 북한이탈주민도 열심히 일하면 남한 주민과 같은 지위에 오를 수 있는지를 질문한 결과 전체 응답자의 83.8%는 '그렇다'고 응답했고 16.0%는 '그렇지 않다'고 부정했다.
- 이러한 결과를 종합하면 북한이탈주민은 북한 출신이라는 신분이 한국사회에서 다소 불리하게 작용하지만, 열심히 노력하면 극복할 수 있다는 인식을 갖고 있다는 것을 나타낸다.

〈표 52〉 남북한 출신 차이 및 동등한 지위를 가질 가능성

구분	남북출신 차이		남북지위 극복	
	인원	비율	인원	비율
매우 그렇다	43	10.8%	227	56.8%
대체로 그렇다	118	29.5%	78	19.5%
그저 그렇다	60	15.0%	30	7.5%
별로 그렇지 않다	66	16.5%	48	12.0%
전혀 그렇지 않다	112	28.0%	16	4.0%
무응답	1	0.2%	1	0.2%
합계	400	100.0%	400	100.0%

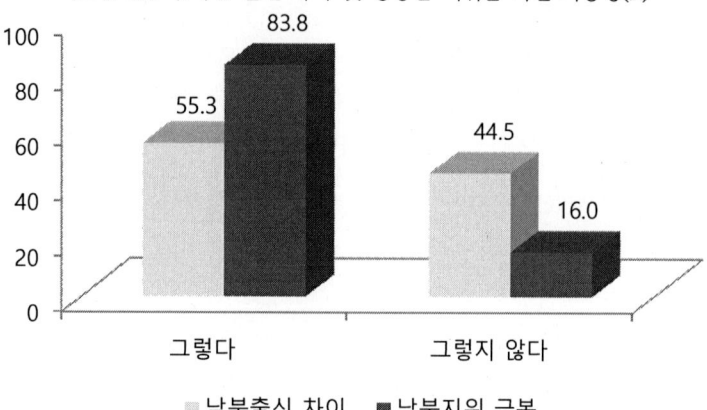

〈그림 16〉 남북한 출신 차이 및 동등한 지위를 가질 가능성(%)

8. 다문화 수용성

- 통합은 동화와 달리 출신국의 문화와 정체성이 인정받고 존중되는 것을 의미한다. 거주국의 문화로 일방적으로 동화되는 것은 진정한 의미의 통합과는 차이가 있다.
- 생활습관과 문화정체성 관련 항목에 대해 5점 척도로 조사가 이루어졌고, '매우 그렇다'에 1점, '전혀 그렇지 않다'에 5점을 부여했다. 조사 결과 북한식 생활습관을 버려야 한다는 인식은 평균 1.76점(대체로 그렇다), 북한식 문화와 정체성을 지키는 것이 바람직하다는 인식은 평균 3.53점(그저 그렇다)을 받았다.

〈표 53〉 북한식 생활습관과 문화정체성에 대한 인식

생활습관	문화정체성
1.76	3.53

- 북한이탈주민은 한국사회 통합 과정에서 북한의 문화와 정체성을 어떻게 생각하는가를 질문한 결과, 통합보다는 동화에 가까운 인식을 보이는 것으로 나타났다.
- 북한이탈주민은 한국에 살면서 북한식 사고나 생활습관을 버려야 한다고 생각하는가를 질문한 결과 '그렇다'고 응답한 사람은 86.0%였고, '그렇지 않다'고 답한 사람은 13.8%였다. 또한 북한이탈주민이 북한식 문화와 정체성을 지키는 것을 '바람직한 것'이라고 생각하는 사람은 42.3%였고, '그렇지 않다'고 생각하는 사람은 57.5%였다.
- 문화 정체성을 지켜야 한다는 인식을 보이지만, 실제 남한생활에서는 북한식 사고나 생활습관을 버려야 한다는 인식이 강하게 표

출되고 있다.
· 결국 북한이탈주민은 한국에서 생활하면서 자신들이 익숙했던 문화와 정체성을 지키기보다는 남한의 문화와 정체성으로 동화되려는 성향이 강하다고 볼 수 있다.

〈표 54〉 북한의 생활습관 유지 및 북한식 정체성 지속 여부

구분	북한식 생활습관 버려야 한다		북한 문화, 정체성 지켜야 한다	
	인원	비율	인원	비율
매우 그렇다	261	65.3%	64	16.0%
대체로 그렇다	50	12.4%	63	15.8%
그저 그렇다	33	8.3%	42	10.5%
별로 그렇지 않다	32	8.0%	58	14.5%
전혀 그렇지 않다	23	5.8%	172	43.0%
무응답	1	0.2%	1	0.2%
합계	399	100.0%	399	100.0%

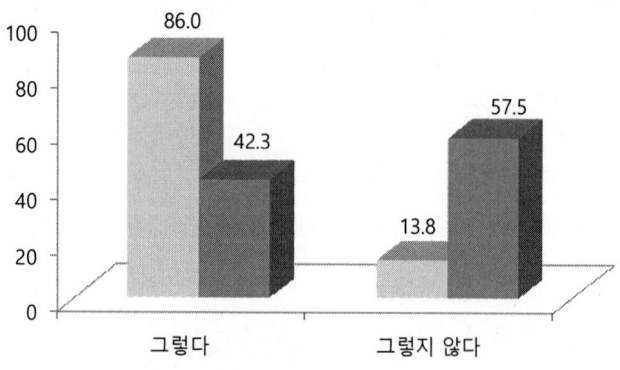

〈그림 17〉 북한의 생활습관 유지 및 북한식 정체성 지속 여부(%)

9. 안전과 안정성

· 이민자의 통합을 촉진하는 요인 중 하나는 기회의 평등이다. 사회의 여러 영역에서 북한이탈주민에 대한 차별이 어느 정도라고 인식하는가를 조사한 결과 고용에서의 차별이 가장 심각하고, 시설이용에 대한 차별을 가장 낮게 인식하는 것으로 나타났다.

〈표 55〉 항목별 느끼는 차별 정도 매우 크다 1점, 전혀 없다 5점

구분	고용차별	시설이용 차별	교육시설 차별	성희롱/성차별
평균 (5점 척도)	3.21점 (보통이다)	4.68점 (전혀 없다)	4.55점 (별로 없다)	4.67점 (전혀 없다)

· 고용차별이 '크다'고 응답한 사람들의 비율은 37.7%였고 '차별이 없다'고 응답한 사람들의 비율은 41.1%였다. 반면 시설 이용에서의 차별은 4.5%, 교육시설에서의 차별 7.7%, 성희롱/성차별에 대해서는 전체 응답자의 5.3%가 '크다'고 응답했고 나머지 대다수의 응답자는 '차별이 없다'고 응답했다.
· 고용차별이 크다고 응답한 151명의 52.9%는 취업자들로 실제로 고용시장에서 활동하면서 고용에서의 차별을 경험하였다고 볼 수 있다.

〈표 56〉 항목별 느끼는 차별 정도

구분	고용차별		시설이용 차별		교육시설 차별		성희롱/성차별	
	인원	비율	인원	비율	인원	비율	인원	비율
매우 크다	46	11.5%	3	0.8%	6	1.5%	3	0.8%
대체로 크다	105	26.2%	15	3.7%	25	6.2%	18	4.5%
보통이다	85	21.2%	18	4.5%	26	6.5%	21	5.2%
별로 없다	49	12.3%	34	8.5%	29	7.3%	26	6.5%
전혀 없다	115	28.8%	330	82.5%	314	78.5%	332	83.0%
합계	400	100.0%	400	100.0%	400	100.0%	400	100.0%

· 지난 1년간 북한이탈주민이라는 이유로 차별을 경험해 본 적이 있느냐는 질문에는 전체 응답자의 14.5%가 '있다'고 응답했다.

〈표 57〉 지난 1년간 차별당해 본 경험

구분	2021년		2022년		2023년	
	인원	비율	인원	비율	인원	비율
있다	85	20.9%	74	18.5%	58	14.5%
없다	322	79.1%	325	81.5%	342	85.5%
합계	407	100.0%	399	100.0%	400	100.0%

· 올해 '차별을 경험한 적 있다'고 응답한 58명 중 74.1%(43명)가 연간 5회 이하의 차별을 경험했다고 응답했으며, 나머지 25.9%(15명)가 연간 6회 이상의 차별을 경험했다고 응답했다. 차별을 경험한 이들 중 72.4%(42명)는 현재 취업자 신분이었으며 차별 경험은 취업자, 40대~50대, 여성에게 높게 나타났다.

〈표 58〉 차별 경험 횟수

구분	2021년		2022년		2023년	
	인원	비율	인원	비율	인원	비율
1~5회	66	77.6%	54	73.0%	43	74.1%
6~10회	4	4.7%	9	12.2%	3	5.2%
10회 초과	15	17.6%	10	13.5%	12	20.7%
무응답	0	0.0%	1	1.4%	0	0.0%
합계	85	100.0%	74	100.0%	58	100.0%

10. 한국생활 만족도

· 생활만족도는 북한이탈주민의 한국사회 적응과 통합 수준을 측정하는 지표 중 하나다. 하지만 선행연구에서도 자주 지적되듯이 생활만족도는 응답자가 사회적으로 바람직하게 보이려는 편향 때문에 실제보다 부풀려서 긍정적으로 응답하는 경향이 있다. 일반적으로 자기보고식의 생활만족도를 해석하는 데는 특별한 주의가 요구된다.[16]
· 북한이탈주민이 느끼는 전반적 생활만족도 결과를 살펴보면, 응답자의 49.5%가 '아주 만족', 28.2%는 '약간 만족'한다고 응답해서 긍정적인 답변을 한 사람들이 전체의 대략 3/4 수준에 해당한다.

〈표 59〉 전반적 만족도

구분	2021년		2022년		2023년	
	인원	비율	인원	비율	인원	비율
아주 만족	159	39.1%	157	39.3%	198	49.5%
약간 만족	143	35.1%	146	36.6%	113	28.2%
보통	84	20.6%	76	19.0%	72	18.0%
약간 불만족	13	3.2%	17	4.3%	11	2.8%
매우 불만족	7	1.7%	2	0.5%	6	1.5%
무응답	1	0.2%	1	0.3%	0	0.0%
합계	407	100.0%	399	100.0%	400	100.0%

---

[16] 박영희·윤인진·윤여상·윤보영. 2016. 『사회통합형 북한이탈주민 지원방안 모색』. 통일부 연구용역 최종보고서, p. 47.

11. 과거청산

· 향후 남북의 실질적 통일이 이루어진다면 과거사청산 문제에 대한 고민과 방향설정도 매우 중요한 문제로 다루어져야 할 분야이다. 이에 북한이탈주민들의 과거청산에 관한 인식을 확인하였다.
· 북한주민의 인권을 침해한 가해자에 대한 처벌이 필요한지 질문한 결과, '강력하게 처벌해야 한다'가 52.5%(210명)를 차지했고, 다음으로 '침해유형이나 피해정도를 따져 처벌이 필요하다' 38.8%(155명), '통합을 위해 용서해야 한다' 8.5%(34명)의 응답값을 보였다.

〈표 60〉 인권침해 가해자 처벌 여부

구분	2022년		2023년	
	인원	비율	인원	비율
강력하게 처벌	189	47.4%	210	52.5%
침해정도에 따른 처벌	180	45.1%	155	38.8%
통합을 위해 용서	28	7.0%	34	8.5%
모름, 무응답	2	0.5%	1	0.2%
합계	399	100.0%	400	100.0%

· 처벌이 필요하다는 응답자 365명을 대상으로 처벌대상자 범위를 질문한 결과, '실제 사건과 관련된 집행자'까지 처벌해야 한다는 의견이 48.2%, '중앙당이나 주요 국가 기관의 주요 책임자'까지가 34.3%, '최고책임자만 처벌해야 한다'는 응답이 15.9% 순으로 나타났다.

<표 61> 처벌대상자 범위

구분	인원	비율
최고책임자만(김정은 등)	58	15.9%
중앙당과 주요 국가기관 책임자	125	34.3%
실제 사건 관련 말단 집행자 모두	176	48.2%
기타 의견	6	1.6%
합계	365	100.0%

· 북한인권 개선을 위해 가장 노력해야 할 집단으로는 '북한 정부'(39.0%), '대한민국 정부'(19.0%), '유엔'(16.2%) 순으로 나타났다.

<표 62> 북한인권 개선을 위한 노력 주체

구분	2022년		2023년	
	인원	비율	인원	비율
북한 정부	143	35.8%	156	39.0%
한국 정부	74	18.5%	76	19.0%
국제인권단체	40	10.0%	37	9.3%
유엔	57	14.3%	65	16.2%
미국 등 각국 정부	18	4.5%	20	5.0%
국내 북한인권단체	31	7.8%	22	5.5%
모름/무응답	34	8.5%	24	6.0%
기타	2	0.5%	0	0.0%
합계	399	100.0%	400	100.0

III. 북한이탈주민 경제통합 현황

 2023년 북한이탈주민 경제통합 실태 조사는 2023년 9월 기준으로 국내 거주 15세 이상의 북한이탈주민 31,312명을 모집단으로 신뢰도 95%에 오차율 ±5%로 400명의 표본을 추출한 후 해당 표본 수를 바탕으로 조사가 완료된 북한이탈주민의 경제활동 결과를 정리한 것이다. 조사기간은 2023년 9월 18일부터 10월 13일 중 공휴일을 제외한 16일이다.
 조사결과는 크게 북한이탈주민의 고용 동향에 대한 것과 이들 가구의 소비, 저축, 정부지원 등을 포함한 경제 동향에 대한 것으로 나누어져 있다. 일부 조사결과는 통계청이 매월 발표하는 '일반국민 고용동향 수치' 조사결과와 함께 설명하였다.

1. 북한이탈주민 경제활동인구 총괄

1) 경제활동참가율[17]

· 조사응답자 400명 중 경제활동인구는 272명, 비경제활동인구는 128명으로 경제활동참가율은 68.0%로 나타났다. 수도권 거주자의 경제활동참가율은 62.7%이고, 지방 거주자의 경제활동참가율

---

[17] 경제활동참가율은 노동 가능 인구 중 경제활동인구(취업자와 실업자)에 해당하는 사람의 비율을 말한다.

은 77.9%로 지방 거주자의 경제활동참가율이 15.2%p 높은 것으로 나타났다.

· 2023년 9월 통계청에서 발표한 일반국민의 경제활동참가율은 64.6%로 북한이탈주민의 경제활동참가율이 3.4%p 높은 것으로 나타났다.

<표 63> 경제활동인구 총괄

구 분			15세 이상 인구	경제활동인구			비경제 활동 인구	경제 활동 참가율	고용률	실업률
				전체	취업자	실업자				
북한 이탈 주민	2023	전체	400	272	257	15	128	68.0%	64.3%	5.5%
		수도권	260	163	155	8	97	62.7%	59.6%	4.9%
		지방	140	109	102	7	31	77.9%	72.9%	6.4%
	2022	전체	399	276	264	12	123	69.2%	66.2%	4.3%
		수도권	265	173	165	8	92	65.3%	62.3%	4.6%
		지방	134	103	99	4	31	76.9%	73.9%	3.9%
일반 국민 (천명)	2023	전체	45,431	29,359	28,698	661	16,071	64.6%	63.2%	2.3%
	2022	전체	45,284	29,093	28,389	704	16,191	64.2%	62.7%	2.4%

※ 일반국민 통계는 통계청에서 발표한 2023년 9월 고용동향을 정리하였다.

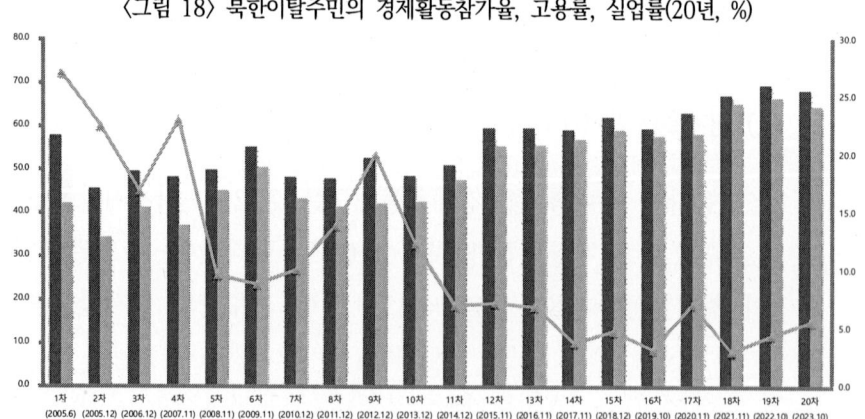

<그림 18> 북한이탈주민의 경제활동참가율, 고용률, 실업률(20년, %)

- 최근 북한이탈주민 경제활동참가율(15세 이상 인구 중 경제활동인구비율)은 지속적으로 증가하는 모습을 보였으나 올해는 약간 하락하는 모습을 보여주고 있다.
- 고용률은 2021년 이후 증가세를 보이다가 올해는 약간 하락하였다. 전반적인 고용률의 증가추세는 단편적으로는 긍정적인 신호이나 올해 다시 하락세를 보인다는 점에서 구체적인 원인을 찾아볼 필요가 있다.

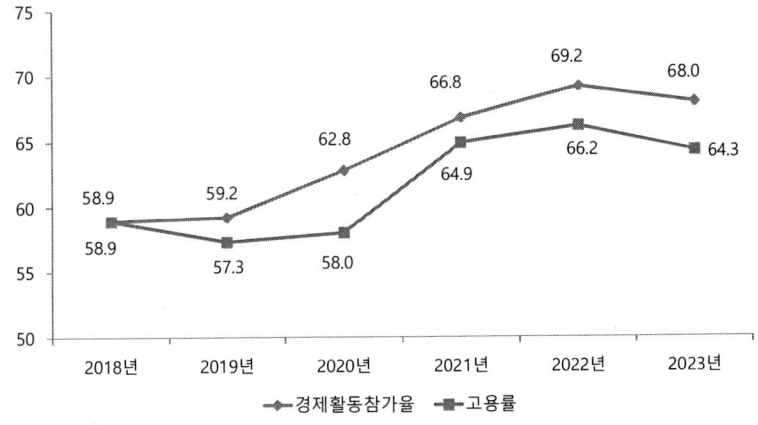

〈그림 19〉 북한이탈주민의 경제활동참가율, 고용률(최근 6년, %)

2) 실업률

- 이번 조사에서 북한이탈주민 경제활동인구 272명 중 실업자는 15명, 실업률은 5.5%로 지난해보다 1.2%p 높게 나타났다.
- 지난해 조사 결과 북한이탈주민 실업률이 4.3%로 같은 시기 일반국민의 실업률 2.4%에 비해 두 배 가량 높게 나타났다.
- 올해 조사결과에서도 일반국민 실업률이 2.3%로 작년과 비슷한 반면 북한이탈주민 실업률은 5.5%로 2.5배가량 높게 나타났다.
- 아래 그래프를 살펴보면 전반적으로 북한이탈주민의 경제활동 참가율이 일반국민의 경제활동 참가율과 비슷한 수준으로 유지되고 있으며, 동시에 북한이탈주민의 실업률의 경우 작년에 이어 계속 오르는 추세를 보이고 있다.

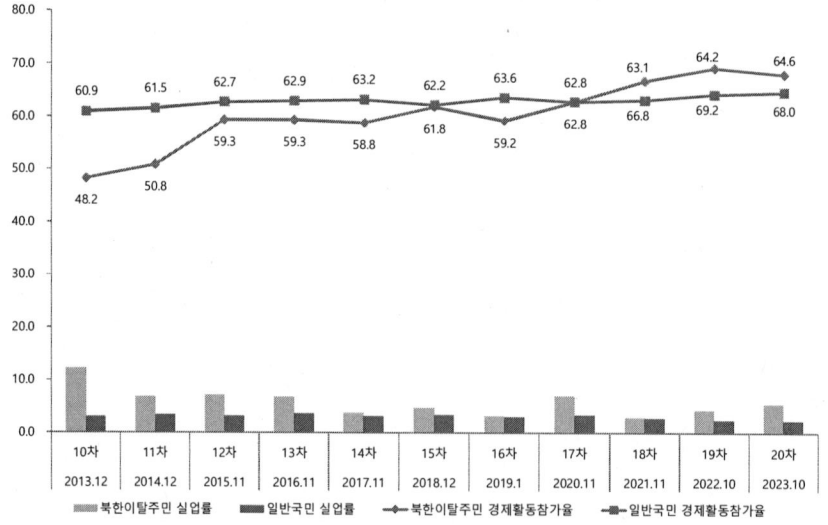

〈그림 20〉 북한이탈주민과 일반국민의 실업률, 경제활동참가율 비교(최근 11년, %)

- 지방과 수도권의 실업률 차이는 매년 조사에서 시기별로 비슷한 비율의 차이를 보이고 있다. 이번 조사에서 수도권 거주자의 실업률은 4.9%, 지방 거주자는 6.4%로 수도권 거주자와 비교하였을 때 지방 거주자의 실업률이 큰 폭으로 증가하였다.

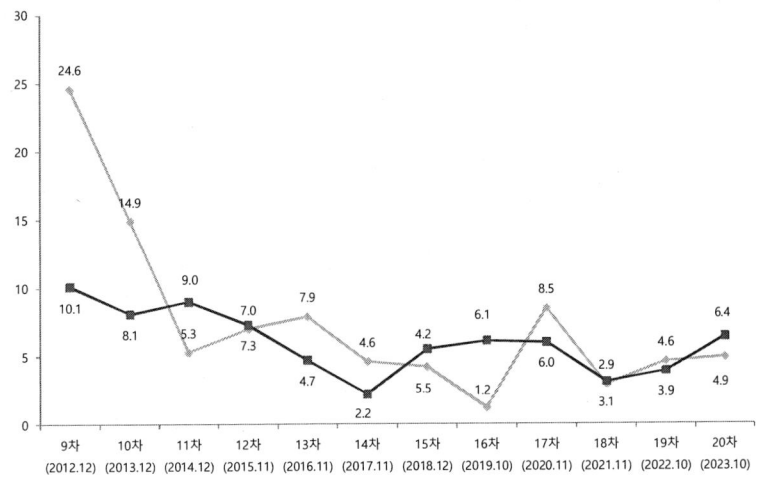

〈그림 21〉 수도권-지방 거주자별 실업률 비교(최근 12년, %)

2. 북한이탈주민 경제활동인구

1) 성별, 연령대별 경제활동인구

- 북한이탈주민 경제활동인구 중 성별 비율은 전체 272명 중 여성이 68.7%(187명), 남성이 31.3%(85명)으로 나타났다.
- 경제활동인구의 연령대 비율은 '15~19세(이하 10대로 표기)' 0.4%, '20대' 5.1%, '30대' 24.3%, '40대' 29.8%, '50대' 29.4%, '60세 이상' 11.0%로 조사됐으며 40대 〉 50대 〉 30대 〉 60세 이상 〉 20대 〉 10대 순으로 나타났다.
- 2005년부터 시작된 경제사회통합실태 조사 처음으로 올해 60세 이상의 경제활동인구가 20대보다 높게 나타났다.
- 이러한 결과의 가장 큰 원인은 20대 인구 감소와 현재 60세 이상의 연령대에서 경제활동이 증가한 결과가 반영된 것이다.
- 더불어 최근 사회적으로 문제가 되고 있는 젊은 연령층의 비경제활동인구 증가가 북한이탈주민에서도 영향이 있음을 시사하는 바도 있다.
- 2007년에는 전체 북한이탈주민 인구에서 20대 인구의 비율은 28.2%였으나 올해는 8.5%로 대폭 감소하였다. 반면 60세 이상 인구는 2007년 전체 북한이탈주민 인구에서 5.0%였으나 올해는 13.2%로 증가하였다.

<표 64> 성별, 연령대별 경제활동인구

구분		10대	20대	30대	40대	50대	60세 이상	합계
2023	전체	1	14	66	81	80	30	272
		0.4%	5.1%	24.3%	29.8%	29.4%	11.0%	100.0%
	남	0	8	22	22	23	10	85
		0.0%	9.4%	25.9%	25.9%	27.0%	11.8%	100.0%
	여	1	6	44	59	57	20	187
		0.5%	3.2%	23.5%	31.6%	30.5%	10.7%	100.0%
2022	전체	2	32	69	90	64	19	276
		0.7%	11.6%	25.0%	32.6%	23.2%	6.9%	100.0%
	남	2	14	23	19	19	5	82
		2.4%	17.1%	28.0%	23.2%	23.2%	6.1%	100.0%
	여	0	18	46	71	45	14	194
		0.0%	9.3%	23.7%	36.6%	23.2%	7.2%	100.0%

2) 성별, 입국기간별, 연령대별 경제활동참가율

· 성별 경제활동참가율을 살펴본 결과, 남성의 경우 84.2%, 여성은 62.5%로 매년 남성의 경제활동 참여 비율이 여성보다 상대적으로 높게 나타났다.

<표 65> 성별 경제활동참가율

구분	경제활동인구	비경제활동인구	합계
남성	85	16	101
	84.2%	15.8%	100.0%
여성	187	112	299
	62.5%	37.5%	100.0%
합계	272	128	400
	68.0%	32.0%	100.0%

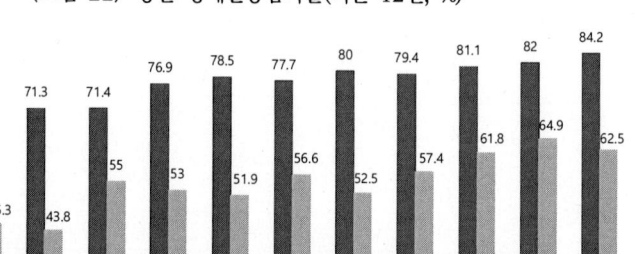

〈그림 22〉 성별 경제활동참가율(최근 12년, %)

· 입국연도에 따른 경제활동참가율은 '2006년~2010년 입국'(78.0%), '2005년 이전 입국'(67.4%), '2016년~2020년 입국'(64.9%), '2011년~2015년 입국'(60.8%), '2021년 이후 입국'(60.0%) 순으로 나타났다.

〈표 66〉 입국기간별 경제활동 참가율

구분	경제활동인구	비경제활동인구	합계
2005년 이전	29	14	43
	67.4%	32.6%	100.0%
2006년~2010년	103	29	132
	78.0%	22.0%	100.0%
2011년~2015년	87	56	143
	60.8%	39.2%	100.0%
2016년~2020년	50	27	77
	64.9%	35.1%	100.0%
2021년 이후	3	2	5
	60.0%	40.0%	100.0%
합계	272	128	400
	68.0%	32.0%	100.0%

· 연령대별 경제활동참가율은 '40대'(76.4%)가 가장 높고, 다음으로 '30대'(71.7%), '50대'(71.4%), '60세 이상'(54.5%), '20대'(50.0%), '10대'(14.3%) 순으로 나타났다.

〈표 67〉 연령대별 경제활동참가율

구분	경제활동인구	비경제활동인구	합계
10대	1	6	7
	14.3%	85.7%	100.0%
20대	14	14	28
	50.0%	50.0%	100.0%
30대	66	26	92
	71.7%	28.3%	100.0%
40대	81	25	106
	76.4%	23.6%	100.0%
50대	80	32	112
	71.4%	28.6%	100.0%
60세 이상	30	25	55
	54.5%	45.5%	100.0%
합계	272	128	400
	68.0%	32.0%	100.0%

3) 한국 정착기간별 경제활동참가율

· 한국 정착기간별 경제활동참가율을 살펴보면 '16년 이상'(74.3%)이 가장 높게 나타났고, 다음으로 '11년~15년 이하'(72.3%), '5년 이하'(62.3%), '6년 이상~10년 이하'(62.0%) 순으로 나타났다.

<표 68> 한국 정착기간별 경제활동참가율

구분	경제활동인구	비경제활동인구	합계
5년 이하	38	23	61
	62.3%	37.7%	100.0%
6년~10년 이하	75	46	121
	62.0%	38.0%	100.0%
11년~15년 이하	107	41	148
	72.3%	27.7%	100.0%
16년 이상	52	18	70
	74.3%	25.7%	100.0%
합계	272	128	400
	68.0%	32.0%	100.0%

4) 수도권-지방 거주자별 경제활동참가율

· 수도권과 지방 거주자의 경제활동참가율을 비교해보면, 수도권 거주자가 62.7%(163명)로 지방 거주자 77.9%(109명)보다 약 15.2%p 낮게 나타났다.

〈표 69〉 거주 지역별 경제활동참가율

구분	경제활동인구	비경제활동인구	합계
수도권	163	97	260
	62.7%	37.3%	100.0%
지방	109	31	140
	77.9%	22.1%	100.0%
합계	272	128	400
	68.0%	32.0%	100.0%

· 누적된 조사결과를 살펴보면 수도권은 작년에 비해 2.6%p 감소한 반면, 지방의 경제활동참가율은 작년과 비슷한 수준의 경제활동참가율을 보이고 있다.

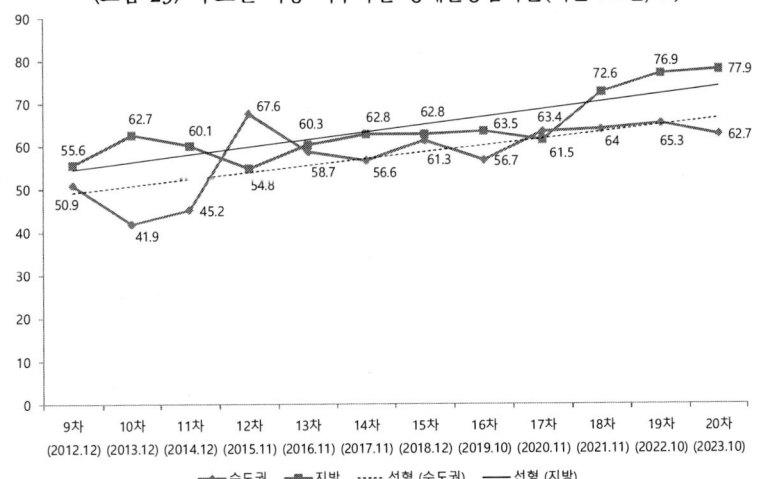

〈그림 23〉 수도권-지방 거주자별 경제활동참가율(최근 12년, %)

5) 재북 학력별 경제활동참가율

· 북한에서의 학력별 경제활동참가율은 '대학교 이상'(74.1%)이 가장 높고, 다음으로 '고등중학교'(68.1%), '전문학교'(67.7%), '인민학교'(62.2%), '학력 없음'(58.3%) 순으로 나타났다.

〈표 70〉 북한 학력별 경제활동참가율

구분	경제활동인구	비경제활동인구	합계
인민학교	23	14	37
	62.2%	37.8%	100.0%
고등중학교	160	75	235
	68.1%	31.9%	100.0%
전문학교	42	20	62
	67.7%	32.3%	100.0%
대학교 이상	40	14	54
	74.1%	25.9%	100.0%
없음	7	5	12
	58.3%	41.7%	100.0%
합계	272	128	400
	68.0%	32.0%	100.0%

6) 경제활동을 하지 않는 이유

· 취업하지 않고, 구직활동도 하지 않는 비경제활동인구 128명에 해당하는 북한이탈주민들은 경제활동을 하지 않는 이유에 대해 다음과 같이 응답했다.
· 주요 원인으로는 '몸이 불편해서(육체적 어려움)'(47.6%), '통학'(17.2%), '육아'(14.1%) 등이 있었고, 그 외에도 '가사'(4.7%), '정신적 힘겨움 때문에'(3.1%), '나이가 어리거나 많아서'(3.1%), '전공과 경력, 적성에 맞는 일거리가 없어서'(2.3%) 순으로 나타났다.
· '기타'(3.9%)의 사유로는 시험을 준비하고 있거나 휴학 상태인 경우가 있었다.

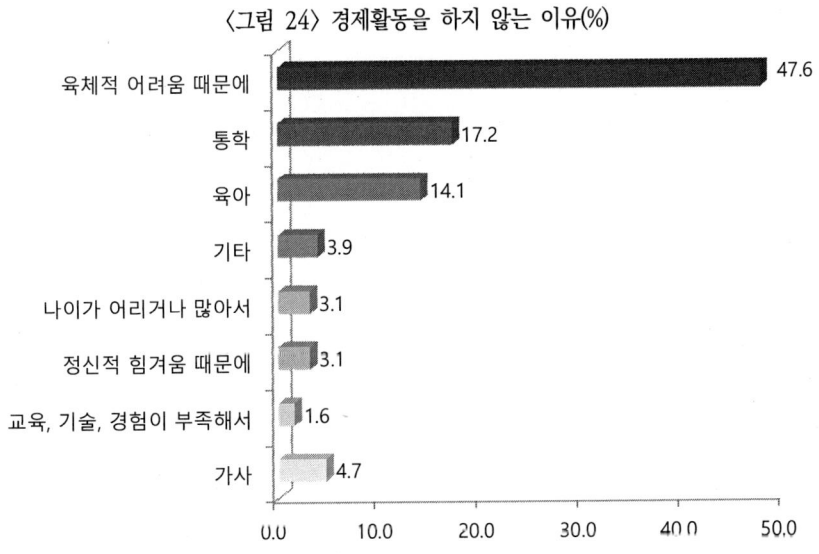

〈그림 24〉 경제활동을 하지 않는 이유(%)

· 성별로 살펴보면 남성의 경우 '육체적 어려움'(43.7%)과 '통학'(31.3%)이라는 응답이 대부분이었으며, 여성의 경우 '육체적 어려움'(48.2%)과 '육아'(16.1%)와 '통학'(15.2%)으로 인해 구직활동을 하지 않는다는 응답이 많았다.

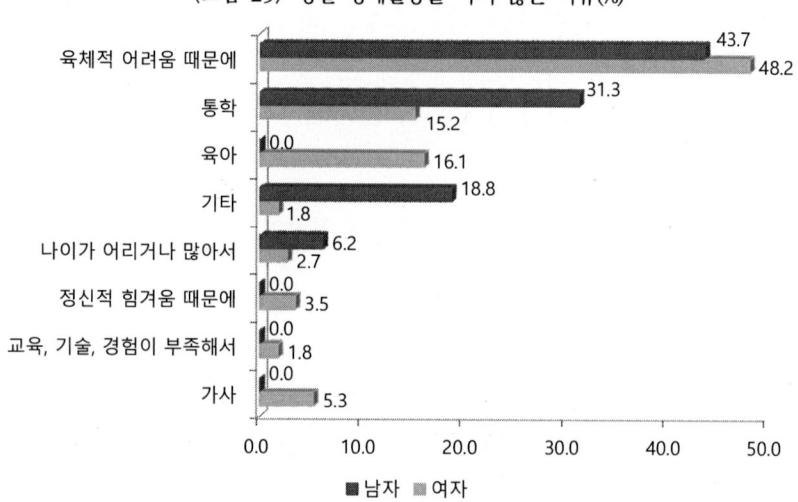

〈그림 25〉 성별 경제활동을 하지 않는 이유(%)

· 연령대별로는 10대와 20대의 경우 '통학'이 각각 83.3%, 78.6%를 차지했고, 30대의 경우 '육아'가 42.3%, 40대 이상부터는 '육체적 어려움'이 가장 큰 원인으로 나타났다.

〈표 71〉 경제활동을 하지 않는 이유(성별, 다중응답)

구분	남성	여성	합계
육체적 어려움 때문에 (몸이 불편해서)	7	54	61
	11.5%	88.5%	100.0%
	43.%	48.2%	47.6%
정신적 힘겨움 때문에 (마음이 불편해서)	0	4	4
	0.0%	100.0%	100.0%
	0.0%	3.5%	3.1%
전공과 경력, 적성에 맞는 일거리가 없어서	0	3	3
	0.0%	100.0%	100.0%
	0.0%	2.7%	2.3%
원하는 임금수준이나 근로조건에 맞는 일거리가 없을 것 같아서	0	1	1
	0.0%	100.0%	100.0%
	0.0%	0.9%	0.8%
교육, 기술, 경험이 부족해서	0	2	2
	0.0%	100.0%	100.0%
	0.0%	1.8%	1.6%
나이가 어리거나 많아서 취업이 어렵다고 생각해서	1	3	4
	25.0%	75.0%	100.0%
	6.2%	2.7%	3.1%
이전에 일거리를 찾아보았지만 일거리가 없었기 때문에	0	2	2
	0.0%	100.0%	100.0%
	0.0%	1.8%	1.6%
육아	0	18	18
	0.0%	100.0%	100.0%
	0.0%	16.1%	14.1%
가사	0	6	6
	0.0%	100.0%	100.0%
	0.0%	5.3%	4.7%
통학	5	17	22
	22.7%	77.3%	100.0%
	31.3%	15.2%	17.2%
기타	3	2	5
	60.0%	40.0%	100.0%
	18.8%	1.8%	3.9%
합계	16	112	128
	12.5%	87.5%	100.0%
	100.0%	100.0%	100.0%

〈표 72〉 경제활동을 하지 않는 이유(연령별, 다중응답)

구분	10대	20대	30대	40대	50대	60세이상	합계
육체적 어려움 때문에	0	0	6	12	23	20	61
	0.0%	0.0%	9.8%	19.7%	37.7%	32.8%	100.0%
	0.0%	0.0%	23.1%	48.0%	71.9%	80.0%	47.6%
정신적 힘겨움 때문에	0	0	0	2	2	0	4
	0.0%	0.0%	0.0%	50.0%	50.0%	0.0%	100.0%
	0.0%	0.0%	0.0%	8.0%	6.3%	0.0%	3.1%
전공과 경력, 적성에 맞는 일거리가 없어서	0	0	1	0	2	0	3
	0.0%	0.0%	33.3%	0.0%	66.7%	0.0%	100.0%
	0.0%	0.0%	3.8%	0.0%	6.3%	0.0%	2.3%
원하는 임금수준이나 근로조건에 맞는 일자리가 없을 것 같아서	1	0	0	0	0	0	1
	100.0%	0.0%	0.0%	0.0%	0.0%	0.0%	100.0%
	16.7%	0.0%	0.0%	0.0%	0.0%	0.0%	0.8%
교육, 기술, 경험이 부족해서	0	0	2	0	0	0	2
	0.0%	0.0%	100.0%	0.0%	0.0%	0.0%	100.0%
	0.0%	0.0%	7.8%	0.0%	0.0%	0.0%	1.6%
나이가 어리거나 많아서 취업이 어렵다고 생각해서	0	0	0	0	0	4	4
	0.0%	0.0%	0.0%	0.0%	0.0%	100.0%	100.0%
	0.0%	0.0%	0.0%	0.0%	0.0%	16.0%	3.1%
이전에 일거리를 찾아보았지만 일거리가 없었기 때문에	0	0	1	0	1	0	2
	0.0%	0.0%	50.0%	0.0%	50.0%	0.0%	100.0%
	0.0%	0.0%	3.8%	0.0%	3.1%	0.0%	1.6%
육아	0	2	11	5	0	0	18
	0.0%	11.1%	61.1%	27.8%	0.0%	0.0%	100.0%
	0.0%	14.3%	42.3%	20.0%	0.0%	0.0%	14.1%
가사	0	0	1	3	1	1	6
	0.0%	0.0%	16.7%	50.0%	16.7%	16.7%	100.0%
	0.0%	0.0%	3.8%	12.0%	3.1%	4.0%	4.7%
통학	5	11	3	3	0	0	22
	22.8%	50.0%	13.6%	13.6%	0.0%	0.0%	100.0%
	83.3%	78.6%	11.6%	12.0%	0.0%	0.0%	17.2%
기타	0	1	1	0	3	0	5
	0.0%	20.0%	20.0%	0.0%	60.0%	0.0%	100.0%
	0.0%	7.1%	3.8%	0.0%	9.3%	0.0%	3.9%
합계	6	14	26	25	32	25	128
	4.7%	10.9%	20.3%	19.5%	25.0%	19.5%	100.0%
	100.0%	100.0%	100.0%	100.0%	100.0%	100.0%	100.0%

3. 북한이탈주민 취업자

조사응답자 400명 중 경제활동인구는 272명(68.0%)으로 이 중 취업자는 257명(64.3%)이었다. 이 절에서는 취업자 257명에 대해 성별, 연령대별, 교육정도별, 산업별, 직업별, 종사상 지위별, 취업시간대별 상황 및 취업자의 근로소득액수와 근속기간을 2023년 9월 통계청의 일반국민 경제활동 동향 결과와 비교해 살펴보기로 한다.

1) 성별, 연령대별 취업자

· 경제활동인구 272명 중 남성은 85명, 여성은 187명이며, 남성 전체 경제활동인구 85명 중 96.5%(82명), 여성의 경우 187명 중 93.6%(175명)가 현재 일을 하고 있다고 응답했다.
· 취업자의 연령대 비율을 살펴보면, '10대' 0.4%, '20대' 5.1%, '30대' 23.3%, '40대' 30.7%, '50대' 30.0%, '60세 이상' 10.5%로 나타났다.

〈표 73〉 성별, 연령대별 취업자

구분	10대	20대	30대	40대	50대	60세 이상	합계
전체	1	13	60	79	77	27	257
	0.4%	5.1%	23.3%	30.7%	30.0%	10.5%	100.0%
남	0	8	22	21	23	8	82
	0.0%	9.8%	26.8%	25.6%	28.0%	9.8%	100.0%
녀	1	5	38	58	54	19	175
	0.6%	2.9%	21.7%	33.1%	30.9%	10.8%	100.0%

- 연령대별 고용률의 경우 30대~60세 이상은 60% 중반에서 70% 초반의 비율을 보이고, 20대의 경우 46.4% 였다. 30대~50대 이상의 고용률은 일반국민의 연령대별 고용률보다는 낮은 수치이나, 10대의 경우 일반국민 고용률보다 7.2%p 높은 14.3%, 20대는 일반국민 고용률보다 14.7%p 낮은 46.4%로 나타났다.

〈표 74〉 연령대별 취업자 및 고용률

구분	북한이탈주민			일반국민(천명)		
	인구	취업자	고용률	인구	취업자	고용률
전체	400	257	64.3%	45,431	28,698	63.2%
10대	7	1	14.3%	2,256	160	7.1%
20대	28	13	46.4%	6,085	3,718	61.1%
30대	92	60	66.7%	6,781	5,395	79.6%
40대	106	79	74.5%	7,934	6,253	78.8%
50대	112	77	71.3%	8,600	6,696	77.9%
60세 이상	55	27	68.8%	13,775	6,477	47.0%

- 연령대별 고용률은 10대, 20대를 제외하고는 비슷한 수준으로 유지되거나 꾸준히 증가세를 보이고 있다. 특히 60세 이상 고용률은 2020년 30.0%를 넘겼고, 꾸준히 증가하여 올해는 68.8%로 크게 증가하였다.

〈표 75〉 연도에 따른 연령대별 고용률

구분	2019년	2020년	2021년	2022년	2023년
10대	62.5%	28.6%	25.0%	25.0%	14.3%
20대	56.6%	60.9%	62.5%	64.6%	46.4%
30대	54.4%	52.0%	65.0%	67.0%	66.7%
40대	63.6%	68.9%	71.4%	73.5%	74.5%
50대	67.4%	62.8%	74.5%	71.3%	71.3%
60세이상	26.1%	33.3%	35.7%	42.9%	68.8%

2) 교육정도별[18] 취업자

· 취업자의 교육정도를 살펴보면, '인민학교 이하'의 학력이 8.2%이고, '고등중졸 이하' 58.8%, '대졸 이상'(단과대학, 전문대학, 대학원 포함) 31.1%로 나타났으며 기존의 조사결과와 비슷한 양상을 보인다

<표 76> 북한 교육정도별 취업자

구분	없음	인민학교 이하	고등중졸 이하	대졸 이상(전문학교 포함)	합계
인원	5	21	151	80	257
비율	1.9%	8.2%	58.8%	31.1%	100.0%

3) 산업별 취업자

· 북한이탈주민 취업자의 산업별 분포는 '사업·개인·공공서비스 및 기타' 분야(46.7%)에서 특히 '보건업 및 사회복지 서비스업'(21.0%)이 가장 높게 나타났고, 다음으로 '도·소매숙박음식업'(22.6%), '광공업'(18.3%) 순으로 높게 나타났다.
· 일반국민의 경우에는 '사업·개인·공공서비스 및 기타'(39.4%)가 가장 높게 나타났고, 이후 '도·소매숙박음식업'(19.3%), '광공업'(15.5%) 순으로 나타났다.
· 일반국민의 경우에는 '사회간접 자본 및 기타 서비스업' 내에서 산업별로 비교적 고르게 분포가 되어있는 반면, 북한이탈주민의 경우에는 산업별 분포 편차가 크게 나타났다.

---

[18] 북한 학제의 경우 한국의 중학교와 고등학교가 통합돼 있다.

<표 77> 북한이탈주민과 일반국민 산업별 취업자

구분		농·림·어업	광공업(광업/제조업)	사회간접 자본 및 기타 서비스업				합계
				건설업	도·소매숙박음식업	전기운수통신금융	사업·개인·공공서비스 및 기타	
북한이탈주민	전체	9	47	201	18	58	5	120	257
		3.5%	18.3%	78.2%	7.0%	22.6%	1.9%	46.7%	100.0%
	수도	0	25	130	10	32	4	84	155
		0.0%	16.1%	83.9%	6.5%	20.6%	2.6%	54.2%	100.0%
	지방	9	22	71	8	26	1	36	102
		8.8%	21.6%	69.6%	7.8%	25.5%	1.0%	35.3%	100.0%
일반국민 (천명)		1,653	4,462	22,583	2,157	5,550	3,560	11,316	28,698
		5.8%	15.5%	78.7%	7.5%	19.3%	12.4%	39.4%	100.0%

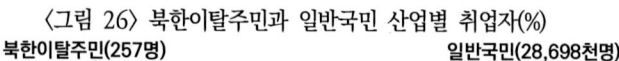

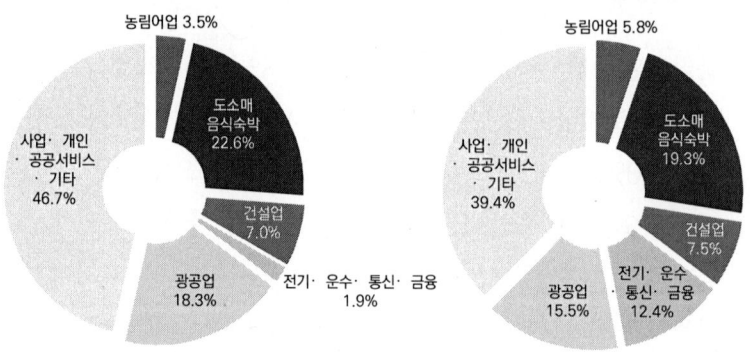

<그림 26> 북한이탈주민과 일반국민 산업별 취업자(%)

- 주요 산업별 취업자를 연도별로 살펴보면 '농·림·어업' 분야 취업자가 2019년 이후 증가하여 비슷한 수준을 유지하고 있으며, '전기·운수·통신·금융'은 2022년까지 비슷한 수준을 유지하다 올해 큰 폭으로 줄어든 모습을 보이고 있다.
- 그러나 그 외의 '도소매·숙박음식업', '광공업', '사업·개인·공공서비스 및 기타'의 산업부분은 모두 코로나 시기 비율이 약간 감소하였다가 다시 증가하는 모습을 보이고 있다.

<표 78> 연도에 따른 산업별 취업자

구분	2019년	2020년	2021년	2022년	2023년
농·림·어업	0.8%	2.9%	4.2%	3.8%	3.5%
전기·운수·통신·금융	8.5%	14.6%	12.1%	9.9%	1.9%
도소매·숙박음식업	25.1%	18.3%	21.2%	17.5%	22.6%
광공업	16.6%	14.6%	11.3%	16.3%	18.3%
사업·개인·공공서비스 및 기타	43.3%	42.1%	42.4%	43.9%	46.7%

- 성별에 따른 산업별 취업자를 살펴보면, 남성의 경우 '광공업'(25.6%), '도소매·숙박음식업'(20.7%), 그리고 '사업·개인·공공서비스 및 기타' 업종 분류에서 특히 '운수 및 창고업'(13.4%) 순으로 높게 나타났다. 여성의 경우에는 '사업·개인·공공서비스 및 기타' 업종 분류에서 특히 '보건업 및 사회복지 서비스업'(28.6%), '숙박 및 음식점업'(14.9%), '제조업'(11.4%) 순으로 높았다.

<표 79> 성별에 따른 산업별 취업자

구분	농림·어업	광공업 (광업/제조업)	사회간접 자본 및 기타 서비스업				합계
			건설업	도소매·숙박음식업	전기 운수통신 금융	사업·개인·공공서비스 및 기타	
남성	3	21	58	14	17	1	26	82
	3.7%	25.6%	70.7%	17.1%	20.7%	1.2%	31.7%	100.0%
여성	6	26	143	4	41	4	94	175
	3.4%	14.9%	81.7%	2.3%	23.4%	2.3%	53.7%	100.0%
합계	9	47	201	18	58	5	120	257
	3.5%	18.3%	78.2%	7.0%	22.6%	1.9%	46.7%	100.0%

4) 직업별 취업자

- 올해 북한이탈주민 취업자의 직업 분포를 살펴보면, '단순노무종사자'(30.7%)가 가장 높게 나타나며 이후로 '서비스종사자'(19.9%), '사무종사자'(14.0%), '전문가 및 관련 종사자' 9.7%, '기능원 및 관련 기능 종사자'(8.2%), '관리자'(5.4%), '장치기계조작 및 조립종사자'(5.2%), '판매종사자'(3.5%), '농림어업 숙련종사자'(3.5%) 순으로 나타났다.
- 일반국민 취업자의 직업별 분포순위는 '전문가 및 관련 종사자'(21.8%), '사무종사자'(17.3%), '단순노무종사자'(13.9%), '서비스종사자'(12.0%), '장치기계조작 및 조립종사자'(10.6%), '판매종사자'(9.0%), '기능원 및 관련 기능 종사자'(8.1%), '농림어업 숙련종사자'(5.6%), '관리자'(1.7%) 순으로 나타났다.

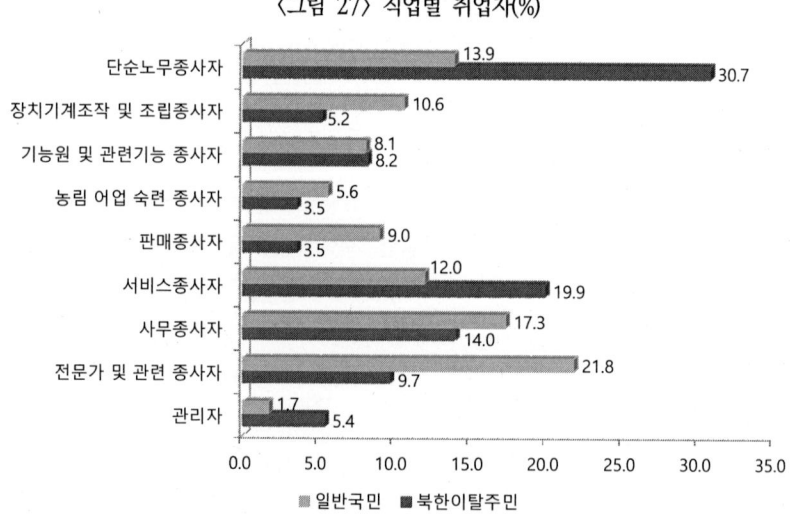

〈그림 27〉 직업별 취업자(%)

- '단순노무종사자'는 코로나 시기 이후 지속적으로 감소하다가 올해 10.6%p 증가하는 모습을 보이며 가장 큰 변화를 보였다. 반면에 '서비스종사자'는 2021년 이후 지속적으로 감소하는 추세를 보이고 있다.

〈표 80〉 연도에 따른 직업별 취업자

구분	2019년	2020년	2021년	2022년	2023년
관리자, 고위임원 및 의회의원	4.5%	10.0%	10.6%	7.2%	5.4%
전문가 및 관련 종사자	7.7%	6.7%	11.4%	13.6%	9.7%
사무종사자	11.3%	14.2%	8.3%	14.4%	14.0%
서비스종사자	32.8%	15.4%	24.2%	22.7%	19.9%
판매종사자	5.3%	6.3%	6.4%	4.9%	3.5%
농·림·어업 숙련종사자	0.8%	1.7%	3.4%	3.0%	3.5%
기능원 및 관련기능 종사자	8.9%	7.5%	5.3%	7.2%	8.2%
장치기계조작 및 조립종사자	7.7%	5.4%	4.5%	6.8%	5.2%
단순노무종사자	21.1%	32.9%	25.8%	20.1%	30.7%
합계	100.0%	100.0%	100.0%	100.0%	100.0%

- 성별로 살펴보면 남성의 경우 '단순노무종사자'(28.0%), '기능원 및 관련기능 종사자'(19.5%), '사무종사자'(12.2%), '장치기계조작 및 조립종사자'(11.0%), '전문가 및 관련 종사자'(9.8%)와 '서비스종사자'(9.8%), '관리자'(4.9%) 순으로 나타났다.
- 여성의 경우도 '단순노무종사자'(32.0%)가 가장 높게 나타났고, 이후로 '서비스종사자' 24.6%, '사무종사자' 14.8%, '전문가 및 관련 종사자' 9.7%, '관리자'가 5.7% 순으로 나타나 성별 간 약간의 차이를 보이고 있다.

<표 81> 성별에 따른 직업별 취업자

구분	북한이탈주민			일반국민(천명)
	남성	여성	합계	
관리자	4	10	14	478
	4.9%	5.7%	5.4%	1.7%
전문가 및 관련 종사자	8	17	25	6,248
	9.8%	9.7%	9.7%	21.8%
사무종사자	10	26	36	4,980
	12.2%	14.8%	14.0%	17.3%
서비스종사자	8	43	51	3,456
	9.8%	24.6%	19.9%	12.0%
판매종사자	1	8	9	2,597
	1.2%	4.6%	3.5%	9.0%
농·림·어업 숙련 종사자	3	6	9	1,595
	3.6%	3.4%	3.5%	5.6%
기능원 및 관련기능 종사자	16	5	21	2,324
	19.5%	2.9%	8.2%	8.1%
장치기계조작 및 조립종사자	9	4	13	3,031
	11.0%	2.3%	5.1%	10.6%
단순노무종사자	23	56	79	3,990
	28.0%	32.0%	30.7%	13.9%
합계	82	175	257	28,698
	100.0%	100.0%	100.0%	100.0%

5) 종사상 지위별 취업자

- 북한이탈주민 취업자의 종사상 지위는 '상용근로자19)'의 비율이 52.9%(136명)로 가장 높았다. 다음으로 '일용근로자' 18.3%(47명), '자영업자'와 '임시근로자'가 각각 14.4%(37명) 순이었다.
- 일반국민 취업자의 종사상 지위는 '상용근로자'(56.6%), '자영업자'(20.0%), '임시근로자'(16.5%), '일용근로자'(3.6%), '무급가족종사자'(3.3%) 순으로 북한이탈주민 취업자와 상이한 분포를 보인다.

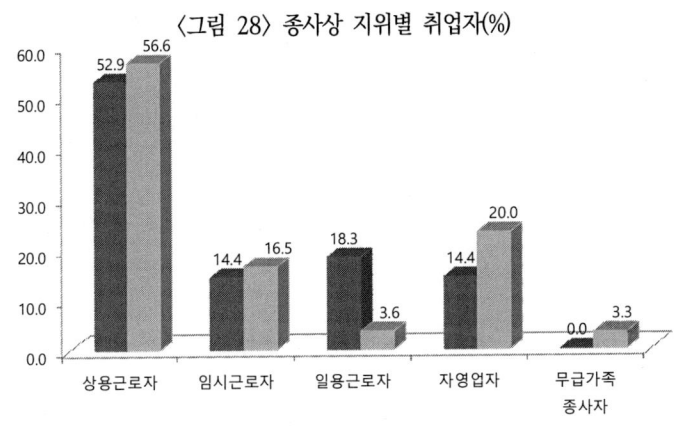

〈그림 28〉 종사상 지위별 취업자(%)

- 연도별 취업자의 종사상 지위는 '일용근로자' 비율이 코로나 이전인 2019년 19.0%에서 2021년까지 28.0% 이상으로 증가한 후 다시 낮아지는 추세를 보이고 있다.
- 또 다른 특징 하나는 코로나 직전 '자영업자' 비율이 9.3%에서 코로나 이후 2022년에는 17.2%로 약 2배 정도 높아졌다가 점차 낮아져 코로나 이전의 수준과 비슷해지고 있다는 점이다.

---

19) '상용근로자'는 계약기간을 정함이 없이 특별한 일이 없는 한 계속 근무를 할 수 있는 경우로, 월급 혹은 주급을 받는 사람들을 말한다. '임시근로자'는 취업시점에 고용기간을 1개월 이상, 1년 미만으로 계약을 하는 경우가 해당한다.

<표 82> 연도별 취업자의 종사상 지위(무응답 포함)

구분	2018년	2019년	2020년	2021년	2022년	2023년
상용근로자	49.2%	47.0%	50.0%	43.6%	48.9%	52.9%
임시근로자	12.7%	24.3%	11.7%	12.9%	12.9%	14.4%
일용근로자	23.8%	19.0%	28.8%	28.4%	19.7%	18.3%
자영업자	13.1%	9.3%	9.6%	15.2%	17.0%	14.4%
무급가족 종사자	0.4%	0.4%	0.0%	0.0%	0.8%	0.0%
무응답	0.8%	0.0%	0.0%	0.0%	0.8%	0.0%
합계	100.0%	100.0%	100.0%	100.0%	100.0%	100.0%

· 성별로는 남성의 '자영업자' 비율은 23.2%로 여성(10.3%)보다 12.9%p 높게 나타났고, '일용근로자' 비율은 남성 12.2%, 여성 21.1%로 여성이 8.9%p 높게 나타났다.
· '일용근로자'는 여성의 경우 대부분이 음식점이나 서비스 업종에 종사하고 있었으며, 남성은 주로 건설 또는 운수업에 종사하고 있었다.

<표 83> 종사상 지위별 취업자(성별)

구분	북한이탈주민			일반국민
	남성	여성	합계	
상용근로자	44	92	136	16,252
	53.6%	52.6%	52.9%	56.6%
임시근로자	9	28	37	4,743
	11.0%	16.0%	14.4%	16.5%
일용근로자	10	37	47	1,035
	12.2%	21.1%	18.3%	3.6%
자영업자	19	18	37	5,729
	23.2%	10.3%	14.4%	20.0%
무급가족 종사자	0	0	0	939
	0.0%	0.0%	0.0%	3.3%
합계	82	175	257	28,698
	100.0%	100.0%	100.0%	100.0%

· 지역별로 살펴보면, 수도권에서는 '상용근로자'(54.8%), '일용근로자'(20.7%), '임시근로자'(16.1%), '자영업자'(8.4%) 순으로 나타났고, 지방은 '상용근로자'(50.0%), '자영업자'(23.5%), '일용근로자'(14.7%), '임시근로자'(11.8%) 순으로 나타났다. 특히 지방의 자영업자 비율은 수도권의 3배에 달했다.

〈표 84〉 종사상 지위별 취업자(지역)

구분	수도권	지방	합계
상용근로자	85	51	136
	54.8%	50.0%	52.9%
임시근로자	25	12	37
	16.1%	11.8%	14.4%
일용근로자	32	15	47
	20.7%	14.7%	18.3%
자영업자	13	24	37
	8.4%	23.5%	14.4%
합계	155	102	257
	100.0%	100.0%	100.0%

· 취업자의 4대 보험 가입 여부에 대한 조사 결과 257명 중 65.4%(168명)가 가입돼 있었으며, 지역별로는 수도권의 67.7%(105명), 지방의 61.8%(63명)가 가입돼 있다고 응답했다.

〈표 85〉 거주 지역별 4대 보험 가입 유무

구분	수도권	지방	합계
가입	105	63	168
	67.7%	61.8%	65.4%
미가입	50	39	89
	32.3%	38.2%	34.6%
합계	155	102	257
	100.0%	100.0%	100.0%

- 종사상 지위별로는 상용근로자의 96.3%, 임시근로자의 56.8%, 일용근로자의 17.0%, 자영업자의 21.6%가 4대 보험에 가입돼 있었다.
- 통계청 근로형태별 사회보험가입자 비율(2023년 8월 기준)을 살펴보면, 임금근로자의 국민연금 가입률은 69.6%, 건강보험 가입률은 78.9%, 고용보험 가입률은 77.0%인데 반해, 북한이탈주민 4대 보험 가입률은 65.4%로 일반국민에 비해 낮은 것을 알 수 있다.

〈표 86〉 4대 보험 가입 유무

구분		상용근로자	임시근로자	일용근로자	자영업자	합계
가입		131	21	8	8	168
		77.9%	12.5%	4.8%	4.8%	100.0%
		96.3%	56.8%	17.0%	21.6%	65.4%
미가입		5	16	39	29	89
		5.6%	18.0%	43.8%	32.6%	100.0%
		3.7%	43.2%	83.0%	78.4%	34.6%
합계		136	37	47	37	257
		52.9%	14.4%	18.3%	14.4%	100.0%
		100.0%	100.0%	100.0%	100.0%	100.0%

- 직장에서 고용계약 기간을 정했느냐는 질문에 39.1%(86명)가 그렇다고 응답했고, 60.9%(134명)은 따로 고용기간을 정하지 않았다고 응답했다.

〈표 87〉 고용계약 기간 지정 유무

구분	인원	비율
정했음	86	39.1%
정하지 않았음	134	60.9%
합계	257	100.0%

· 고용계약기간을 정한 86명 응답자의 계약 기간을 살펴보면 '1년'이 54.6%(47명)으로 가장 많았고, 다음으로 '3년 초과'가 20.9%(18명), '1개월~6개월 미만'이 12.8%(11명), '1년 초과~2년' 5.8%(5명), '2년 초과~3년' 4.7%(4명), '1개월 미만'이 1.2%(1명) 순으로 나타났다.

〈표 88〉 고용계약 기간

구분	인원	비율	구분	인원	비율
1개월 미만	1	1.2%	1년 초과~2년	5	5.8%
1개월~6개월 미만	11	12.8%	2년 초과~3년	4	4.7%
1년	47	54.6%	3년 초과	18	20.9%
합계				86	100.0%

6) 취업시간대별 취업자

· 취업자의 주당 취업 시간은 '36~52시간' 근무자가 61.1%, '53시간 이상' 근무자가 15.9%로 전체의 77.0%를 차지했고, '18~35시간' 근무자가 15.6%, '1~17시간' 근무자가 7.4%로 나타났다.

〈표 89〉 주당 총 근로시간

구분	인원	비율
1~17시간	19	7.4%
18~35시간	40	15.6%
36~52시간	157	61.1%
53시간 이상	41	15.9%
합계	257	100.0%

· 북한이탈주민의 주당 평균 취업시간은 일반국민 33.9시간보다 높은 41.1시간으로 조사됐다.

〈표 90〉 취업시간대별 취업자

구분	북한이탈주민			일반국민 (천명)
	남성	여성	합계	
1~17시간	3	16	19	2,278
	3.7%	9.1%	7.4%	7.9%
18~35시간	5	35	40	4,062
	6.1%	20.0%	15.6%	14.2%
36~52시간	52	105	157	18,849
	63.4%	60.0%	61.1%	65.7%
53시간 이상	22	19	41	3,131
	26.8%	10.9%	15.9%	10.9%
일시휴직	0	0	0	378
	0.0%	0.0%	0.0%	1.3%
합계	82	175	257	28,698
	100.0%	100.0%	100.0%	100.0%

- 북한이탈주민 취업자 중 주당 '36시간 미만'으로 근무하는 사람은 23.0%로 일반국민 비율 22.1%와 비슷한 수준으로 나타났다.
- 지난주 36시간 미만으로 근무한 취업자의 사유로 '육아'(27.1%), '일시적인 질병이나 사고'(11.9%)와 '통학'(11.9%) 순으로 나타났다.
- 이외에도 기타 응답으로는 아르바이트로 일을 하고 있어서, 그리고 취업준비를 병행하고 있어서 등의 응답이 있었다.

〈표 91〉 지난주 36시간 미만 근무 이유

구분	인원	비율	구분	인원	비율
일시적 질병·사고	7	11.9%	일시적 일거리 없어서	3	5.1%
휴가, 교육(통학)	7	11.9%	사업부진, 조업중단	1	1.7%
육아	16	27.1%	기타	21	35.6%
가족적 이유	4	6.7%			
합계				59	100.0%

- 평소에도 36시간 미만으로 근무하는 원인은 대체로 '육아'(25.9%)와 '정규근무시간이 36시간 미만인 경우'(20.7%), 그리고 '육체적 어려움'(20.7%)인 경우로 나타났다. 기타 이유로는 '취업준비'라는 응답이 있었다.

〈표 92〉 평소 36시간 미만 근무 이유

구분	인원	비율	구분	인원	비율
정규근무시간이 36시간 미만	12	20.7%	통학	8	13.8%
육체적 어려움	12	20.7%	내가 원해서	4	6.9%
육아	15	25.9%	평소 일거리가 없어서	2	3.4%
가사	3	5.2%	기타	2	3.4%
합계				58	100%

7) 취업자의 근로소득액

- 취업자 257명의 월평균 근로소득액은 261만 1천5백 원으로 지난해 247만 8천5백 원보다 13만 3천 원이 증가했다.
- 금액별로 살펴보면, '201~250만 원 이하'(21.0%), '301만 원 이상'(21.0%), '151~200만 원 이하'(19.8%), '251~300만 원 이하'(14.8%), '51~100만 원 이하'(9.0%), '101~150만 원 이하'(8.6%), '1~50만 원 이하'(5.8%) 순으로 나타났다.

〈표 93〉 취업자의 근로소득액

구분	인원	비율	구분	인원	비율
1~50만 원 이하	15	5.8%	201~250만 원 이하	54	21.0%
51~100만 원 이하	23	9.0%	251~300만 원 이하	38	14.8%
101~150만 원 이하	22	8.6%	301만 원 이상	54	21.0%
151~200만 원 이하	51	19.8%	합계	257	100.0%

- 취업시간대별 월 평균 근로소득을 살펴보면, 근로시간이 길어질수록 근로소득 역시 증가하는 것을 알 수 있다.
- 그러나 주당 36시간 이상 근로를 한 북한이탈주민 임금근로자의 근로소득액 평균은 3,025,800원으로, 지난해 3,038,525원보다 12,725원이 감소했다.

〈표 94〉 취업시간대별 월 평균근로소득

구분	명	월 평균근로소득(원)	주별 평균근로시간
1시간~17시간	19	818,400	10.7
18시간~35시간	40	1,412,500	26.2
36시간~52시간	157	2,768,500	42.3
53시간 이상	41	4,011,000	65.0
합계	257	2,611,500	41.1

- 북한이탈주민 취업자의 평균 근로소득을 종사상 지위별로 보면 상용직으로 근무하는 남성은 평균 3,616,600원, 여성은 2,238,500원으로 남성이 여성보다 1,378,100원 더 많이 받고 있었다.
- 올해 상용직 남성의 평균 소득은 지난해(3,196,300원)보다 약 13.1% 증가한 반면, 여성의 평균 소득(2,283,000원)은 약 1.9% 감소하였다.

〈표 95〉 취업자(전체)의 종사상 지위별 평균근로소득

구분	인원	평균근로소득(원)	성별	평균근로소득(원)
상용근로자	136	2,684,300	남	3,616,600
			여	2,238,500
임시근로자	37	2,199,200	남	3,613,300
			여	1,744,600
일용근로자	47	1,501,100	남	2,190,000
			여	1,314,900
자영업자	37	4,166,800	남	5,331,600
			여	2,937,200

- 북한이탈주민 임금근로자[20]의 평균 임금은 2,128,200원으로 일반국민 임금근로자 평균임금 3,007,000원(통계청 2023년 8월 기준)의 70.8% 수준이다.

〈표 96〉 36시간 이상 근무자의 종사상 지위별 평균근로소득

구분	인원	평균근로소득(원)	성별	평균근로소득(원)
상용근로자	122	2,832,300	남	3,732,900
			여	2,376,400
임시근로자	25	2,628,000	남	3,613,300
			여	2,073,800
일용근로자	16	2,481,300	남	3,600,000
			여	1,972,700
자영업자	35	4,233,400	남	5,331,600
			여	2,929,400

20) 임금근로자에는 상용근로자, 임시근로자, 일용근로자가 포함된다.

8) 취업자의 근속 기간

· 조사 시점 취업자의 평균 근속기간은 45.8개월로 1년 미만 근무자가 27.7%였으며, 1년 이상 근무자는 72.3% 수준이었다. 이 중에서 3년 이상의 장기 근무자도 44.7%를 차지했다.

〈표 97〉 취업자의 근속 기간

구분	인원	비율	구분	인원	비율
6개월 미만	50	19.5%	2~3년 미만	26	10.1%
6개월~1년 미만	21	8.2%	3년 이상	115	44.7%
1~2년 미만	45	17.5%	합계	257	100.0%

9) 기타 직장 관련

· 취업 중인 이들이 현재의 직장을 갖게 된 경로는 '인터넷을 보고 전화'(28.4%)가 가장 높게 나타났고, 다음으로 '북한이탈주민에게 알선요청'(19.9%), '이웃에 알선요청'(16.3%) 순으로 나타났다.
· 기타 응답으로는 지인 또는 가족의 추천이나 동업, 하나센터와 여성일자리지원센터 등 정부기관의 지원 등이 있었다.

〈표 98〉 직장 경로

구분	인원	비율	구분	인원	비율
고용지원센터등록	5	1.9%	복지관에 알선요청	4	1.6%
정착도우미에게 직업알선	3	1.2%	북한이탈주민에게 알선요청	51	19.9%
신변보호관에게 알선요청	5	1.9%	이웃에 알선요청	42	16.3%
동사무소에 알선요청	4	1.6%	생활정보지 전화	9	3.5%
종교기관에 알선요청	2	0.8%	인터넷 보고 전화	73	28.4%
직업소개소 구직등록	7	2.7%	기타	52	20.2%
합계				257	100.0%

- 현재 직장의 종업원 수는 '5인 미만의 소규모 사업장'인 경우가 37.3%로 가장 많았고, 다음으로 '5~9인의 사업장'(19.1%), '10~29인의 사업장'(17.5%), '30~99인의 사업장'(14.0%) 순으로 나타났으며, '100인 이상의 대형 사업장'인 경우는 전체의 12.1%로 나타났다.

〈표 99〉 사업장 규모

구분	비율	비율	구분	비율	비율
1-4인	96	37.3%	100-299인	13	5.1%
5-9인	49	19.1%	300-499인	5	1.9%
10-29인	45	17.5%	500이상	13	5.1%
30-99인	36	14.0%	합계	257	100.0%

- 북한이탈주민 취업자의 직장 만족도를 살펴본 결과, 만족한다('아주 만족' 40.5%, '약간 만족' 45.1%)는 응답이 85.6%로 높게 나타났으며, 불만족한다('약간 불만족' 11.3%과 '매우 불만족' 3.1%)는 응답은 14.4%였다.

〈표 100〉 취업자의 직장 만족도

구분	인원	비율
아주 만족	104	40.5%
약간 만족	116	45.1%
약간 불만족	29	11.3%
매우 불만족	8	3.1%
합계	257	100.0%

4. 북한이탈주민 실업자와 실업률

· 북한이탈주민 경제활동인구 272명 중 취업자는 257명, 실업자는 15명으로 실업률은 5.5%였다. 성별로는 남성 실업률 3.5%, 여성 실업률 6.4%로 일반국민 실업률과 비교하면 특히 북한이탈주민 여성의 실업률이 높게 나타났다.(일반국민 남성 실업률 2.3%, 여성 2.2%)
· 실업자 비율은 총 실업자 15명이 해당 기준(성, 연령 등)에 분포된 정도를 나타내는 것이며 실업률은 해당 기준에 속한 경제활동 참가자 중 실업자의 비율이 얼마를 차지하느냐를 나타낸다.

1) 연령대별 실업자 및 실업률

· 실업자의 성별 분포는 남성이 3명이었고, 여성이 12명이었다.
· 전체 15명의 실업자의 연령대는 20대가 1명, 30대가 6명, 40대가 2명, 50대와 60대가 각각 3명으로 분포돼 있다.

〈표 101〉 성별·연령대별 실업자

구분		20대	30대	40대	50대	60세이상	합계
남성		0	0	1	0	2	3
		0.0%	0.0%	33.3%	0.0%	66.7%	100.0%
여성		1	6	1	3	1	12
		8.3%	50.0%	8.3%	25.0%	8.3%	100.0%
전체		1	6	2	3	3	15
		6.7%	40.0%	13.3%	20.0%	20.0%	100.0%

· 전체 실업자 15명의 연령대별 실업률은 '60세 이상'(10.0%)이 가장 높고, 다음으로 '30대'(9.1%), '20대'(7.1%), '50대'(3.8%), '40대'(2.5%) 순으로 나타났다.

- 일반국민의 연령대 실업률과 비교해보면 10대 실업률은 일반국민에서 높게 나타났으며, 20대 이상의 실업률은 북한이탈주민에게서 높게 나타났다.

〈표 102〉 연령대별 실업률 비교

구분		10대	20대	30대	40대	50대	60세 이상	전체
북한이탈주민	전체	0.0%	7.1%	9.1%	2.5%	3.8%	10.0%	5.5%
	남자	0.0%	0.0%	0.0%	4.5%	0.0%	20.0%	3.5%
	여자	0.0%	16.6%	13.6%	1.7%	5.3%	5.0%	6.4%
일반국민		3.8%	5.3%	2.4%	1.7%	1.5%	1.6%	2.3%

2) 교육정도별 실업자 및 실업률

- 북한이탈주민 실업자 15명 중 '인민학교 이하' 학력은 4명, '초급/고등중학교 졸업' 9명, '대학교 이상'이 2명인 것으로 조사되었다.
- 교육정도에 따른 실업률은 '초급/고등중학교 졸업'(5.6%), '전문학교 이상'(2.4%), '인민학교 이하'(13.3%) 순으로 나타났다.

〈표 103〉 교육정도별 실업자 및 실업률

구분		인민학교 이하	초급/고급중	대학교 이상	전체
북한이탈주민	실업자	4	9	2	15
	실업률	13.3%	5.6%	2.4%	5.5%
구분		중졸이하	고졸	대졸이상	합계
일반국민 (천명)	실업자	64	259	338	661
	실업률	1.7%	2.4%	2.3%	2.3%

3) 한국 정착기간별 실업자

· 하나원을 퇴소한 시기를 기준으로 산출한 한국 정착기간에 따른 실업자 비율은 '11~15년 이하'의 응답자가 60.0%로 가장 높게 나타났으며, 나머지는 각각 13.3%로 동일하게 나타났다.
· 정착구간에 따른 실업률은 '11~15년 이하'(8.4%), '5년 이하'(5.3%), '16년 이상'(3.8%), '6~10년 이하'(2.6%) 순으로 나타났다.

〈표 104〉 한국 정착기간별 실업자와 실업률

구분	인원	실업률	구분	인원	실업률
5년 이하	2	5.3%	11~15년 이하	9	8.4%
6~10년 이하	2	2.6%	16년 이상	2	3.8%
합계				15	5.5%

4) 거주 지역별(수도권, 지방) 실업률

· 거주 지역별 실업률은 수도권 거주자의 경우 4.9%, 지방 거주자 6.4%로 지방 거주자의 실업률이 상대적으로 높게 나타났다.
· 지난해 실업률과 비교하면 수도권은 4.6%에서 4.9%로, 지방은 3.9%에서 6.4%로 각각 0.3%p, 2.5%p씩 증가한 값을 보인다.

〈표 105〉 거주 지역별 실업률

구분	수도권	지방	전체
실업자	8	7	15
실업률	4.9%	6.4%	4.3%

5) 기타 구직활동

· 원하는 직장형태에 대한 질문에는 '틈틈이 하는 일'을 원한다는 응답과 '하루 종일 하는 일'을 원한다는 응답이 비슷하게 나타났다.
· 구체적으로 여성 응답자 12명 중 '하루 종일 하는 일'을 원한다는 응답은 58.3%로 '틈틈이 하는 일'을 원하는 응답비율 41.7%보다 높게 나타났다. 반면 남성은 전체 응답자의 66.7%가 '틈틈이 하는 일'을 원한다고 밝혔고 33.3%는 '하루 종일 하는 일'을 원한다고 답했다.

〈표 106〉 원하는 직장 형태

구분	하루 종일	틈틈이	합계
남성	1	2	3
	33.3%	66.7%	100.0%
여성	7	5	12
	58.3%	41.7%	100.0%
전체	8	7	15
	53.3%	46.7%	100.0%

· 현재 실업 상태인 15명 실업자의 평균 구직기간은 6.7개월로 남성 14.7개월, 여성 4.7개월로 여성의 평균 구직기간이 짧게 나타났다. 6개월 이상 구직자가 60.0%(9명)를 차지했고, 1개월 이하가 26.7%(4명), 2개월~5개월 구직자가 13.3%(2명)이었다.
· 구체적으로 어떤 구직활동을 했는가에 대해 응답자의 33.3%(5명)은 '인터넷상의 구직정보를 보고 전화문의'를 통해 구직활동을 하고 있었다. 다음으로 '고용지원센터에 등록'하여 구직활동을 하는 경우가 26.6%(4명), '생활정보지를 보고 전화문의'한 경우가 13.3%(2명)으로 조사됐다.

- 지난해와 동일하게 인터넷을 통한 구직정보가 가장 높은 비율을 차지하였으나, 다음으로 이웃을 통한 직업알선이 아닌 고용지원센터를 이용하는 비율이 증가하였다.
- 코로나 발생 이후인 2020년부터 완전히 중단되었던 고용지원센터 또는 직업소개소를 통한 구직이 올해 다시 시작되었다는 점이 가장 큰 특징으로 나타났다.

〈표 107〉 구직활동 방법

구분	2022년		2023년	
	인원	비율	인원	비율
고용지원센터등록	0	0.0%	4	26.6%
정착도우미에게 직업알선	0	0.0%	1	6.7%
직업소개소 구직등록	0	0.0%	1	6.7%
북한이탈주민이 아닌 이웃에 알선요청	0	0.0%	1	6.7%
주위 북한이탈주민에게 알선요청	2	16.7%	1	6.7%
생활정보지를 보고 전화문의	1	8.3%	2	13.3%
인터넷을 통해 구직정보 보고 전화문의	9	75.0%	5	33.3%
합계	12	100%	15	100%

〈표 108〉 최근 구직활동 방법 (%)

구분	2018	2019	2020	2021	2022	2023
고용지원센터등록	8.3	12.5	0.0	0.0	0.0	26.7
복지관에 알선요청	8.3	0.0	0.0	0.0	0.0	0.0
직업소개소 구직 등록	0.0	12.5	0.0	0.0	0.0	6.7
북한이탈주민이 아닌 이웃에 알선요청	8.3	0.0	12.5	25.0	0.0	6.7
주위 북한이탈주민에게 알선요청	25.0	0.0	12.5	0.0	16.7	6.7
생활정보지를 보고 전화문의	16.7	37.5	37.5	0.0	8.3	13.3
인터넷을 통해 구직정보 보고 전화문의	50.0	25.0	25.0	50.0	75.0	33.3
기타	16.7	12.5	12.5	25.0	0.0	0.0
합계	100.0	100.0	100.0	100.0	100.0	100.0

5. 북한이탈주민의 소득, 저축, 부채

1) 소득

(1) 본인 포함 가족의 1개월 수입 총액

· 본인을 포함한 가족의 한 달 수입을 조사한 결과 응답자의 23.5%에 해당하는 북한이탈주민 가계의 월수입이 100만 원 이하인 것으로 나타났다. 그 외 월간 가족 총소득은 '401만 원~600만 원'(19.5%), '201만 원~300만 원'(18.7%), '301만 원~400만 원'(10.8%), '101만 원~150만 원'(10.0%), '600만 원 초과'(7.5%), '151만 원~200만 원'(6.7%) 순으로 나타났다.

〈표 109〉 1개월 가족 총소득

구분	2022년		2023년	
	인원	비율	인원	비율
1만 원-50만 원	18	4.5%	8	2.0%
51만 원-100만 원	77	19.3%	86	21.5%
101만 원-150만 원	54	13.5%	40	10.0%
151만 원-200만 원	37	9.3%	27	6.7%
201만 원-300만 원	73	18.3%	75	18.7%
301만 원-400만 원	42	10.5%	43	10.8%
401만 원-600만 원	58	14.5%	78	19.5%
600만 원보다 많음	35	8.8%	30	7.5%
없음	5	1.3%	13	3.3%
합계	399	100.0%	400	100.0%

· 코로나19 발생 이후인 2020년의 총소득 규모를 살펴보면 '100만 원 이하' 비율은 30% 중반대에서 20% 후반대로 감소하였고, '401만 원 이상' 비율은 10% 초반대에서 20% 중반대로 2배가량

증가하며 전반적인 총소득은 늘어났다. 그러나 작년에 비하면 '100만 원 이하'의 비율은 소폭 증가하였고, '200만 원 이하' 비율이 감소하여 소득의 양극화의 모습을 보인다. 이러한 추세가 지속될 지에 대한 지속적인 모니터링이 필요하다.

<표 110> 연도별 가족 총소득 비율

구분	2018년	2019년	2020년	2021년	2022년	2023년
100만 원 이하	32.1%	34.1%	28.5%	27.5%	23.8%	26.8%
200만 원 이하	25.1%	23.5%	25.1%	25.1%	22.8%	16.7%
300만 원 이하	16.9%	17.4%	15.2%	14.7%	18.3%	18.7%
400만 원 이하	12.8%	11.4%	6.3%	12.8%	10.5%	10.8%
401만 원 이상	11.1%	11.9%	18.6%	17.9%	23.3%	27.0%

· 응답자의 평균 가족 구성원의 수는 2.2명이었으며, 가족 구성원 중 취업자 수는 평균 1.1명으로 지난해와 동일한 수치로 나타났다.

<표 111> 가족수 별 가계 총소득

구분		가족수						
		1인	2인	3인	4인	5인	6인	합계
가계 총소득 21)	1-50만 원	5	3	0	0	0	0	8
		62.5%	37.5%	0.0%	0.0%	0.0%	0.0%	100.0%
		3.6%	2.5%	0.0%	0.0%	0.0%	0.0%	2.0%
	51-100 만 원	56	26	3	1	0	0	86
		65.1%	30.2%	3.5%	1.2%	0.0%	0.0%	100.0%
		40.6%	22.0%	3.3%	2.2%	0.0%	0.0%	21.5%
	101-150 만 원	12	13	14	1	0	0	40
		30.0%	32.5%	35.0%	2.5%	0.0%	0.0%	100.0%
		8.7%	11.0%	15.4%	2.2%	0.0%	0.0%	10.0%
	151-200 만 원	10	11	4	2	0	0	27
		37.0%	40.8%	14.8%	7.4%	0.0%	0.0%	100.0%
		7.2%	9.3%	4.4%	4.4%	0.0%	0.0%	6.8%
	201-300 만 원	34	22	15	2	1	1	75
		45.4%	29.3%	20.0%	2.7%	1.3%	1.3%	100.0%
		24.6%	18.6%	16.5%	4.4%	16.7%	50.0%	18.8%
	301-400 만 원	8	15	10	9	1	0	43
		18.6%	34.9%	23.3%	20.9%	2.3%	0.0%	100.0%
		5.8%	12.7%	11.0%	20.0%	16.7%	0.0%	10.8%
	401-600 만 원	5	21	32	17	2	1	78
		6.4%	26.9%	41.0%	21.8%	2.6%	1.3%	100.0%
		3.6%	17.8%	35.2%	37.8%	33.3%	50.0%	19.5%
	600만 원 이상	1	4	11	12	2	0	30
		3.3%	13.3%	36.7%	40.0%	6.7%	0.0%	100.0%
		0.7%	3.4%	12.1%	26.7%	33.3%	0.0%	7.5%
	합계	7	3	2	1	0	0	13
		53.8%	23.1%	15.4%	7.7%	0.0%	0.0%	100.0%
		5.1%	2.5%	2.2%	2.2%	0.0%	0.0%	3.3%

21) 보건복지부가 2023년에 공표한 '기준 중위소득' 기준은 1인 가구 2,077,892원, 2인 가구 3,456,155원, 3인 가구 4,434,816원, 4인 가구 5,400,964원, 5인 가구 6,330,688원, 6인 가구 6,227,981원이다.

(2) 수입 만족도

· 현재 본인의 소득에 만족하는지에 대해 긍정적인 답변은 54.8%(아주 만족 13.5%, 약간 만족 41.3%), 부정적인 답변은 45.2%(약간 불만족 30.7%, 매우 불만족 14.5%)로 본인 소득에 대한 긍정적 답변이 10%p 가량 더 높게 나타났다.

〈표 112〉 본인 소득 만족도

구분	인원	비율	구분	인원	비율
아주 만족	54	13.5%	약간 불만족	123	30.7%
약간 만족	165	41.3%	매우 불만족	58	14.5%
합계				400	100%

2) 저축

(1) 저축 여부

· 본인과 가족이 저축22)하고 있는지 여부를 살펴보았다. 조사한 결과 56.2%는 '저축하고 있다'고 응답했고, 43.8%는 '저축하지 않고 있다'라고 응답했다. 이는 지난해 대비 저축비율이 7.0%p 감소한 수치이다.

〈표 113〉 저축 여부

구분	2022년		2023년	
	인원	비율	인원	비율
저축하고 있음	252	63.2%	225	56.2%
저축하지 않음	147	36.8%	175	43.8%
합계	399	100.0%	400	100.0%

---

22) 저축은 은행 예·적금, 증권 등 투자금 및 보험가입액을 포함한다.

- 본인이 '저축하고 있다'는 응답은 작년에 크게 증가하였다가 올해 다시 예년 수준으로 돌아왔다.

〈표 114〉 연도별 저축 여부

구분	2018년	2019년	2020년	2021년	2022년	2023년
저축하고 있음	59.9	43.9	55.3	52.8	63.2	56.2
저축하지 않음	39.9	56.1	44.7	47.2	36.8	43.8

- 정착기간별 저축 여부를 살펴보면, '11년~15년 이하'(37.3%)가 가장 높은 비율로 저축하고 있는 것으로 나타났으며, '6년~10년 이하'(28.5%), '5년 이하'(18.2%), '16년 이상'(16.0%) 순으로 정착기간에 따른 특이점은 없었다.

〈표 115〉 한국 정착기간별 저축 여부

구분	저축하고 있음	저축하지 않음	합계
5년 이하	41	20	61
	67.2%	32.8%	100.0%
	18.2%	11.4%	15.2%
6년~10년 이하	64	57	121
	52.9%	47.1%	100.0%
	28.5%	32.6%	30.3%
11년~15년 이하	84	64	148
	56.8%	43.2%	100.0%
	37.3%	36.6%	37.0%
16년 이상	36	34	70
	51.4%	48.6%	100.0%
	16.0%	19.4%	17.5%
합계	225	175	400
	56.2%	43.8%	100.0%
	100.0%	100.0%	100.0%

(2) 본인 저축액

- 본인의 구체적인 저축액을 밝힌 응답자 216명의 월평균 저축액은 659,200원으로 지난해보다 평균 5,600원 높게 나타났다.
- 금액구간별로는 '1만 원~50만 원' 사이가 63.4%로 가장 높았고, 이후 '76만 원~100만 원'(14.8%), '51만 원~75만 원'(7.4%) 순으로 나타났다.

〈표 116〉 본인의 저축 액수

구분	인원	비율	구분	인원	비율
1만 원~25만 원	81	37.5%	101만 원~125만 원	1	0.5%
26만 원~50만 원	56	25.9%	126만 원~150만 원	12	5.6%
51만 원~75만 원	16	7.4%	176만 원~200만 원	7	3.2%
76만 원~100만 원	32	14.8%	201만 원 이상	11	5.1%
합계				216	100.0%

(3) 가족의 저축액 합계

- 본인을 포함한 가족의 월 저축 총액은 '1~25만 원'(28.9%), '26~50만 원'(27.1%), '76~100만 원'(16.0%) 순으로 나타났으며 그 외 저축액 비율은 10% 이하로 나타났다.

〈표 117〉 가족의 저축액 합계

구분	인원	비율	구분	인원	비율
1만 원~25만 원	65	28.9%	126만 원~150만 원	12	5.3%
26만 원~50만 원	61	27.1%	151만 원~175만 원	8	3.6%
51만 원~75만 원	13	5.8%	176만 원~200만 원	10	4.4%
76만 원~100만 원	36	16.0%	200만 원보다 많음	14	6.2%
101만 원~125만 원	6	2.7%	합계	225	100.0%

- 연도별로 살펴보면 2022년 '200만 원 이하'의 저축 비율이 소폭 증가하였으나 올해 다시 '100만 원 이하'의 저축 비율이 증가하였다.
- 소득과 저축 모두에서 코로나 엔데믹 이후 전 세계적인 경기침체로 발생한 양극화 현상이 북한이탈주민의 소득과 저축 상황에도 반영되어 나타난 결과값으로 보인다.

〈표 118〉 연도별 가족저축액 합계

가족저축액	2018년	2019년	2020년	2021년	2022년	2023년
100만 원 이하	83.5%	78.3%	77.4%	77.6%	74.6%	77.8%
200만 원 이하	11.8%	17.0%	14.4%	13.9%	17.9%	16.0%
201만 원 이상	4.6%	3.7%	7.0%	8.4%	7.1%	6.2%

(4) 저축을 하는 이유

- 저축을 하는 이유로는 '노후생활대비'(31.3%)와 '주택자금마련'(27.2%)이 높은 수준으로 나타났고, '본인 및 자녀의 교육비'(14.8%), '질병재난대비'(14.6%)가 그 뒤를 이었다.

〈표 119〉 저축을 하는 이유(다중응답)

구분	인원	비율	구분	인원	비율
본인 및 자녀의 교육비	51	14.8%	노후생활대비	107	31.3%
주택자금마련	93	27.2%	여행 및 여가활동	7	2.0%
내구재 구입	5	1.4%	사업자금마련	3	0.8%
결혼 장례비	13	3.7%	부채상환	3	0.8%
가족 입국경비 마련	12	3.4%	질병재난대비	50	14.6%
합계				341	100.0%

(5) 저축 만족도

· 현재 저축수준에 만족하는지에 대해 응답자의 절반 이상인 59.6%(아주 만족 18.7%, 약간 만족 40.9%)가 긍정적인 답변을 했고, 부정적인 답변은 40.4%(약간 불만족 29.3%, 매우 불만족 11.1%)로 나타났다.

〈표 120〉 저축 수준 만족도

구분	인원	비율
아주 만족	42	18.7%
약간 만족	92	40.9%
약간 불만족	66	29.3%
매우 불만족	25	11.1%
합계	225	100%

3) 부채

(1) 부채 여부

· 본인과 가족의 부채 여부를 조사한 결과, 35.7%가 부채가 '있다'고 응답했고, 64.3%는 부채가 '없다'고 응답했다.

〈표 121〉 가족의 부채 여부

구분	인원	비율
있다	143	35.7%
없다	257	64.3%
합계	400	100.0%

(2) 부채 액수

· 본인을 포함한 가족의 부채 액수의 규모는 '1,001~5,000만 원'(43.3%), '1억 원 이상'(32.2%), '5,001만 원~1억 원'(9.1%), '501~1,000만 원'(7.7%), '101~500만 원'(7.0%), '100만 원 이하'(0.7%) 순으로 나타났다.

· '5,000만 원'을 초과하는 고액 부채자 비율은 41.3%로 지난해 조사결과(32.1%)보다 다소 증가한 모습을 보이고 있다.

〈표 122〉 가족의 부채 액수

구분	인원	비율
100만 원 이하	1	0.7%
101만 원~500만 원	10	7.0%
501만 원~1,000만 원	11	7.7%
1,001만 원~5,000만 원	62	43.3%
5,001만 원~1억 원	13	9.1%
1억 원 이상	46	32.2%
합계	143	100.0%

(3) 부채 사유

· 본인 및 가족이 부채를 안고 있는 사유를 살펴본 결과 '주택마련'이 35.6%로 가장 높게 나타났으며, 다음으로 '내구재 구입'(13.4%), '사업(투자) 자금'(13.4%), '생활비 부족'(10.3%), '본인 및 자녀의 교육비'(6.2%)로 대부분의 부채 사유는 국내 입국 및 정착을 위한 비용과 생활비 등으로 나타났다.
· 기타 이유로는 '보이스피싱 피해'와 '투자' 등으로 조사됐다.

〈표 123〉 가족의 부채 사유(다중응답)

구분	인원	비율	구분	인원	비율
본인 및 가족의 입국경비	5	2.6%	생활비 부족	20	10.3%
본인 및 자녀의 교육비	12	6.2%	사업(투자) 자금	26	13.4%
주택마련	69	35.6%	사업실패	4	2.1%
내구재 구입	26	13.4%	북한 지인에게 송금	9	4.6%
결혼, 장례비	2	1.0%	기타	14	7.2%
질병, 재난	7	3.6%	합계	194	100.0%

· 주요 부채 원인은 주택마련과 생활비 부족이다. 코로나 발생 이전에 생활비 부족으로 인한 부채 비율은 22.4%까지 증가하였으나 이후 감소하고 있으며, 주택마련은 26.5%까지 감소하였다가 점차 증가하는 모습을 보인다.

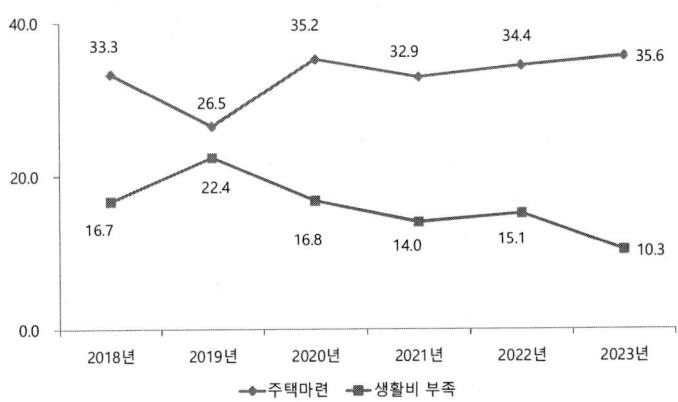

〈그림 29〉 부채 사유 중 주택 마련과 생활비 부족 비교(%)

4) 가족의 생활비

· 가족의 한 달 생활비로 쓰는 금액은 '51~100만 원'이 29.5%로 가장 높게 나타났다. 다음으로 '101~150만 원'(17.5%), '1~50만 원'(13.7%), '151~200만 원'(13.2%), '201~250만 원'(8.8%), '301~400만 원'(6.3%) 순으로 나타났다.

〈표 124〉 가족의 1개월 생활비

구분	인원	비율	구분	인원	비율
1만 원~50만 원	55	13.7%	251만 원~300만 원	22	5.5%
51만 원~100만 원	118	29.5%	301만 원~400만 원	25	6.3%
101만 원~150만 원	70	17.5%	401만 원~600만 원	20	5.0%
151만 원~200만 원	53	13.2%	600만 원 보다 많음	2	0.5%
201만 원~250만 원	35	8.8%	합계	400	100.0%

5) 자동차 보유 여부

· 응답자나 응답자의 가족이 자동차를 보유하고 있는지에 대한 질문에 52.0%(208명)가 '있다'고 대답했다.

〈표 125〉 자동차 보유 여부

구분	인원	비율
있다	208	52.0%
없다	192	48.0%
합계	400	100.0%

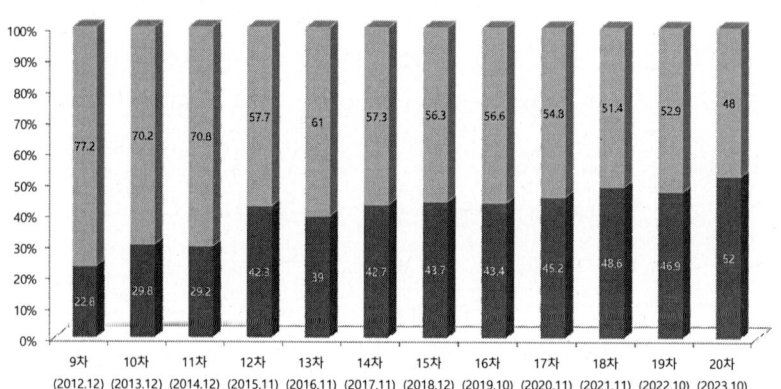

〈그림 30〉 자동차 보유 여부(최근 12년, %)

6) 소비 만족도

· 응답자의 소비 만족도를 살펴본 결과, 긍정적인 응답은 55.0% ('아주 만족' 13.5%, 약간 만족 41.5%)이었고 부정적인 응답은 45.0%('약간 불만족' 32.0%, '매우 불만족' 13.0%)로 조사됐다.

〈표 126〉 소비 만족도

구분	인원	비율
아주 만족	54	13.5%
약간 만족	166	41.5%
약간 불만족	128	32.0%
매우 불만족	52	13.0%
합계	400	100.0%

6. 정부 지원금 수급

- 국내 입국한 북한이탈주민은 하나원을 수료하고, 사회에 정착할 때 초기 정착기본금 500만 원을 받고, 이후 분기별로 3회 100만 원씩 1년간 총 800만 원을 지원받는다.
- 이번 조사에서는 2.0%(8명)만 현재 정착금을 받고 있는 것으로 나타났다.
- 2006년 이전에 입국한 북한이탈주민은 최초 1년간, 2007년도 이후 입국자의 경우 최초 6개월 동안 국민기초생활보장 제도에 의한 생계급여 수급자 선정기준을 충족하지 않더라도 정부로부터 생계급여를 지원받을 수 있다.
- 본 조사에서는 전체 응답자 중 29.0%(116명)이 현재 국민기초생활보장법에 의해 생계비 수급자로 선정돼 혜택을 받고 있는 것으로 나타났다. 생계비를 받지 않는 사람은 70.5%(282명)이었다. 무응답자는 2명이었다.

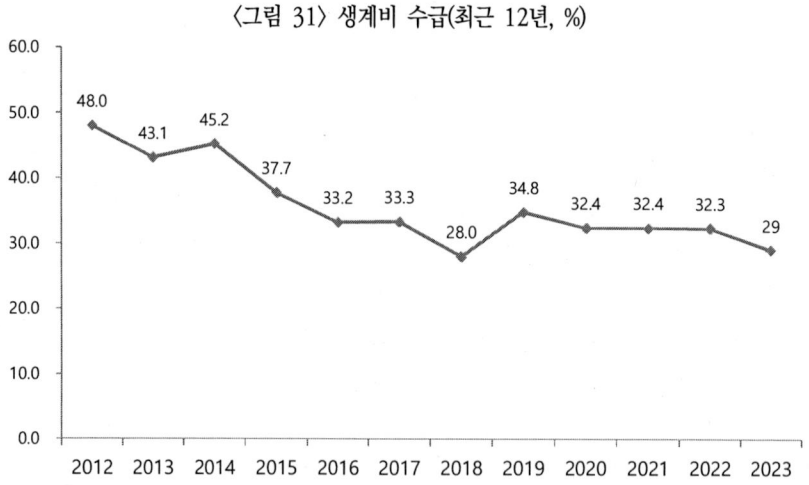

〈그림 31〉 생계비 수급(최근 12년, %)

- 2023년 생계비 수급비율은 29.0%로 지난해 32.3%에 비해 다소 감소한 모습을 보이지만, 2022년도 인구대비 기초생활보장 수급자 비율이 4.8%[23]인 것을 감안할 때 북한이탈주민의 생계비 수급비율은 여전히 높다는 것을 알 수 있다.
- 취업자가 전혀 없다고 응답한 101세대의 85.1%가 생계비를 수급하고 있었으며, 취업자가 1명인 세대의 경우 생계비 수급비율은 14.4%인 것으로 조사됐다.

〈표 127〉 생계비 수급 여부

구분	취업자 없는 세대		취업자 1인 세대	
	인원	비율	인원	비율
받고 있음	86	85.1%	26	14.4%
받고 있지 않음	15	14.9%	154	85.6%
합계	101	100.0%	180	100.0%

- 생계비 급여를 받는 가구 116세대 중 총소득이 '51만 원~100만 원'인 경우가 62.9% '101~150만 원'인 경우가 21.6%로 전체의 84.5%를 차지했다.

〈표 128〉 생계비 수급 가계 총소득

구분	인원	비율	구분	인원	비율
1-50만 원	3	2.6%	151-200만 원	7	6.0%
51-100만 원	73	62.9%	201-300만 원	7	6.0%
101-150만 원	25	21.6%	301-400만 원	1	0.9%
합계				116	100.0%

---

[23] e-나라지표, www.index.go.kr, "국민기초생활보장 수급 현황"

[부록 1] 정부 정착지원 제도 주요 내용

구분	항목	내용
사회 적응 교육	기본 교육	하나원 12주 400시간 교육
	지역 적응 교육	전국 하나센터 8일, 50시간 초기집중 교육 및 지역적응지원
정착금	기본금	1인 세대 800만 원, 2인 세대 1,400만 원, 3인 세대 1,900만 원, 4인 세대 2,400만 원, 5인 세대 2,900만 원, 6인 세대 3,400 만 원, 7인 세대 이상 3,900만 원 ※ 2023년부터 세대별 100만 원 인상 추진
	지방 거주 장려금	지방 2년 거주 시 광역시(인천 제외)는 주거지원금의 10%, 기타지역은 주거지원금의 20%
	취약 계층 보호 가산금	고령가산금(만 60세 이상인 자): 800만 원 장애가산금: 1,540만 원(중증), 360만 원(경증) 장기치료가산금(중증질환으로 3개월이상 연속 입원시): 1개월에 80만 원(최대 9개월까지) 한부모가정아동보호가산금(보호결정 당시 만 13세 미만 아동): 세대당 400만 원 제3국 출생 자녀 양육가산금: 만 16세 미만 아동 1인당 450만 원
주거	주택 알선	한국토지주택공사(LH), 서울주택도시공사(SH)와 연계해 임대주택 알선
	주거 지원금	1인 세대 기준 1,600만 원, 2~4인 세대 2,000만 원, 5인 이상 세대 2,300만 원 (보증금의 잔액은 거주지 보호기간 종료 후 지급)
취업	직업 훈련비 및 훈련 수당	훈련비 전액 지원 및 훈련기간 중 훈련수당 지급
	직업 훈련 장려금 및 자격 취득 장려금	직업훈련 500시간 이상 이수 시 120만 원 120시간 당 20만 원 추가, 최대 740시간 이수 시 160만원 (국가기간전략사업 직종훈련 시 200만 원 추가) 자격취득시 200만 원 ※ 자격취득장려금 및 직업훈련장려금은 '14. 11.28 이후 폐지, 다만, '14.11.28 이전 입국해 보호결정된 자에게는 적용

	취업 장려금	3년간 근속시 최대 수도권 1,800만 원, 지방 2,100만 원
	고용 지원금	채용 기업주에 지급 　급여의 1/2을 50만 원 한도에서 기본 3년, 최대 4년간 지원 ※ 고용지원금은 '14. 11.28 이전 입국해 보호결정된 자에게 적용
	자산 형성 제도 (미래 행복 통장)	소득 중 저축액에 대해 정부가 동일한 금액 매칭 지원 적립 목적 : 주택구입비 또는 임대비, 교육비, 창업자금, 결혼 등 지원기간 : 2년(1년 단위로 2회까지 연장 가능, 최대 4년) 적용 대상 : '14.11.29 이후 입국해 보호결정된 자 약정금액 : 소득의 30% 범위 내, 월 최대 50만 원
	기타	예비사회적 기업 지원, 영농정착, 창업지원, 취업바우처 등
사회 보장	생계 급여	국민기초생활보장 수급자
	의료 보호	의료급여 수급자 ※ 2023년 입국자부터 근로능력 등에 따라 1종, 2종 수급자로 구분
	연금 특례	입국 당시 50세 이상~60세 미만 시 국민연금 가입 특례
교육	특례 편·입학	대학진학 희망 시 정원 외 특례입학
	학비 지원	중·고교 및 국·공립대 등록금 면제, 사립대 50% 보조
상담	-	지역적응센터, 전문상담사, 정착도우미 등을 통한 지원

* 출처 : 북한이탈주민 정착지원 실무편람(2023). pp. 16~17

[부록 2] 북한이탈주민 경제활동 동향 조사결과 요약
1. 2023년 하반기(10월) 북한이탈주민 경제활동 동향 요약

구분		2023년 10월 조사					
		일반국민			조사대상 북한이탈주민		
		전체	수도권	지방	전체	수도권	지방
경제활동인구 총괄	15세 이상	45,431천명	-	-	400	260	140
	경제활동인구	29,359천명	-	-	272	163	109
	취업자	28,698천명	-	-	257	155	102
	실업자	661천명	-	-	15	8	7
	비경제 활동인구	16,071천명	-	-	128	97	31
	경제활동 참가율(%)	64.6%	-	-	68.0	62.7	77.9
	고용률(%)	63.2%	-	-	64.3	59.6	72.9
	실업률(%)	2.3%	-	-	5.5	4.8	6.4

구분		일반국민		조사대상 북한 이탈 주민					
		전체(천명)	비율(%)	전체비율(명,%)		남성비율(명,%)		여성비율(명,%)	
연령대별 경제활동인구	15~29세	-	-	15	5.5	8	9.4	7	3.7
	15~19세	-	-	1	0.4	0	0.0	1	0.5
	20~29세	-	-	14	5.1	8	9.4	6	3.2
	30~39세	-	-	66	24.3	22	25.9	44	23.5
	40~49세	-	-	81	29.8	22	25.9	59	31.6
	50~59세	-	-	80	29.4	23	27.0	57	30.5
	60세 이상	-	-	30	11.0	10	11.8	20	10.7
	계	-	-	272	100.0	85	100.0	187	100.0
연령대별 취업자	15~29세	8,341		14	5.5	8	9.8	6	3.5
	15~19세	2,256		1	0.4	0	0.0	1	0.6
	20~29세	6,085		13	5.1	8	9.8	5	2.9
	30~39세	6,781		60	23.3	22	26.8	38	21.7
	40~49세	7,934		79	30.7	21	25.6	58	33.1
	50~59세	8,600		77	30.0	23	28.0	54	30.9
	60세 이상	13,775		27	10.5	8	9.8	19	10.8
	계	45,431		257	100.0	82	100.0	175	100.0
교육정도별 취업자	인민학교	-	-	21	8.2	-	-	-	-
	고등중	-	-	151	58.8	-	-	-	-
	대졸	-	-	80	31.1	-	-	-	-
	없음	-	-	5	1.9	-	-	-	-
	계	-	-	257	100.0	-	-	-	-
산업별 취업자	농림, 어업	1,653	5.8	9	3.5	3	3.7	6	3.4
	광공업	4,462	15.5	47	18.3	21	25.6	26	14.9
	제조업	4,454	15.3	-	-	-	-	-	-
	사회간접자본 및 기타 서비스업	22,583	78.7	201	78.2	58	70.7	143	81.7
	건설업	2,157	7.5	18	7.0	14	17.1	4	2.3
	도소매·숙박음식업	5,550	19.3	58	22.6	17	20.7	41	23.4
	전기, 운수, 통신, 금융	3,541	12.4	5	1.9	1	1.2	4	2.3
	사업, 개인, 공공 서비스 및 기타	11,327	39.4	120	46.7	26	31.7	94	53.7
	무응답	-	-	-	-	-	-	-	-
	계	28,678	100.0	257	100.0	82	100.0	175	100.0

구분		일반국민		조사대상 북한 이탈 주민					
		전체(천명)	비율	전체비율(명,%)		남성비율(명,%)		여성비율(명,%)	
직업별 취업자	전문·기술, 행정관리자	6,726	23.5	39	15.1	12	14.7	27	15.4
	사무종사자	4,980	17.4	36	14.0	10	12.2	26	14.8
	서비스·판매종사자	6,053	21.0	60	29.2	9	11.0	51	29.2
	농림·어업, 숙련종사자	1,595	5.6	9	3.5	3	3.6	6	3.4
	기능·기계조작·조립· 단순노무종사자	9,345	32.5	113	44.0	48	58.5	65	37.2
	기타	-	-	-	-	-	-	-	-
	계	28,698	100.0	257	100.0	82	100.0	175	100.0
종사상 지위별 취업자	비임금근로자	6,668	23.2	37	14.4	19	23.2	18	10.3
	자영업주	5,729	19.9	37	14.4	19	23.2	18	10.3
	무급가족종사자	939	3.3	0	0.0	0	0.0	0	0.0
	임금근로자	22,030	76.8	220	85.6	63	65.8	157	89.7
	상용근로자	16,252	56.6	136	52.9	44	53.6	92	52.6
	임시근로자	4,743	16.5	37	14.4	9	11.0	28	16.0
	일용근로자	1,035	3.6	47	18.3	10	12.2	37	21.1
	계	28,698	100.0	257	100.0	82	100.0	175	100.0
취업 시간대 별 취업자	일시 휴직자	378	1.3	0	0.0	0	0.0	0	0.0
	1~17	2,278	7.9	19	7.4	3	3.7	16	9.1
	18~35	4,062	14.2	40	15.6	5	6.1	35	20.0
	36시간 이상	21,980	76.6	198	77.0	74	90.2	124	70.9
	36~52	18,849	65.7	157	61.1	52	63.4	105	60.0
	53시간 이상	3,131	10.9	41	15.9	22	26.8	19	10.9
	주당평균 취업시간	33.9		41.1					
	계	28,698	100.0	257	100.0	82	100.0	175	100.0
실업자 구성비 (연령 대로 구분)	15~29세	214	32.4	1	6.7	0	0.0	1	8.3
	15~19세	6	0.9	0	0.0	0	0.0	0	0.0
	20~29세	208	31.5	1	6.7	0	0.0	1	8.3
	30~39세	130	19.7	6	40.0	0	0.0	6	50.0
	40~49세	111	16.8	2	13.3	1	33.3	1	8.3
	50~59세	102	15.4	3	20.0	0	0.0	3	25.0
	60세 이상	104	15.7	3	20.0	2	66.7	1	8.3
	계	661	100.0	15	100.0	3	100.0	12	100.0
연령 대별 실업률	15~29세	214	5.2	1	-	0	-	1	-
	15~19세	6	3.8	0	0.0	0	0.0	0	0.0
	20~29세	208	5.3	1	7.1	0	0.0	1	16.6
	30~39세	130	2.4	6	9.1	0	0.0	6	13.6
	40~49세	111	1.7	2	2.5	1	4.5	1	1.7
	50~59세	102	1.5	3	3.8	0	0.0	3	5.3
	60세 이상	104	1.6	3	10.0	2	20.0	1	5.0
	전체	661	2.3	15	5.5	3	3.5	12	6.4
교육 정도별 실업률	중학교 졸업이하	64	9.7	4	26.7	-	-	-	-
	고등학교 졸업	259	39.2	9	60.0	-	-	-	-
	대학 졸업이상	338	51.1	2	13.3	-	-	-	-
	전체 실업률	661	10.0	15	100.0	-	-	-	-

2. 2022년 하반기(10월) 북한이탈주민 경제활동 동향 요약

구분		2022년 10월 조사					
		일반국민			조사대상 북한이탈주민		
		전체	수도권	지방	전체	수도권	지방
경제활동인구 총괄	15세 이상	45,124천명	-	-	399	265	134
	경제활동인구	28,439천명	-	-	276	165	103
	취업자	27,683천명	-	-	264	173	99
	실업자	756천명	-	-	12	8	4
	비경제 활동인구	16,685천명	-	-	123	92	31
	경제활동 참가율(%)	63.0	-	-	69.2	65.3	76.9
	고용률(%)	61.3	-	-	66.2	62.3	73.9
	실업률(%)	2.7	-	-	4.3	4.6	3.9

구분		일반국민		조사대상 북한 이탈 주민					
		천명	비율(%)	전체비율(명,%)		남성비율(명, %)		여성비율(명, %)	
연령대별 경제활동인구	15~29세	-	-	34	12.4	16	19.5	18	9.3
	15~19세	-	-	2	0.7	2	2.4	0	0.0
	20~29세	-	-	32	11.6	14	17.1	18	9.3
	30~39세	-	-	69	25.0	23	28.0	46	23.7
	40~49세	-	-	90	32.6	19	23.2	71	36.6
	50~59세	-	-	64	23.2	19	23.2	45	23.2
	60세 이상	-	-	19	6.9	5	6.1	14	7.2
	계	-	-	276	100.0	82	100.0	194	100.0
연령대별 취업자	15~29세	8,515		33	12.5	15	19.0	18	9.7
	15~19세	2,238		2	0.8	2	2.5	0	0.0
	20~29세	6,277		31	11.7	13	16.5	18	9.7
	30~39세	6,839		65	24.6	22	27.8	43	23.2
	40~49세	8,065		86	32.6	19	24.1	67	36.2
	50~59세	8,586		62	23.5	19	24.1	43	23.2
	60세 이상	13,278		18	6.8	4	5.1	14	7.6
	계	45,284		264	100.0	79	100.0	185	100.0
교육정도별 취업자	인민학교	-	-	26	9.8	-	-	-	-
	고등중	-	-	155	58.7	-	-	-	-
	대졸	-	-	72	27.3	-	-	-	-
	없음	-	-	11	4.2	-	-	-	-
	계	-	-	264	100.0	-	-	-	-
산업별 취업자	농림, 어업	1.656	5.8	10	3.8	4	5.1	6	3.3
	광공업	4,532	16.1	43	16.3	13	16.5	30	16.3
	제조업	4,526	15.9	-	-	-	-	-	-
	사회간접자본 및 기타 서비스업	21,873	77.0	210	79.9	62	78.4	149	80.4
	건설업	2.121	7.5	22	8.4	15	19.0	7	3.8
	도소매·숙박음식업	5.501	19.4	46	17.5	9	11.4	37	20.1
	전기, 운수, 통신, 금융	3.490	12.3	26	9.9	16	20.4	10	5.5
	사업, 개인, 공공 서비스 및 기타	11.091	39.1	116	43.4	21	27.1	87	50.8
	무응답	-	-	1	0.7	0	0.0	1	0.2
	계	28,389	100.0	264	100.0	79	100.0	264	100.0
구분		일반국민		조사대상 북한 이탈 주민					

		천명	비율	전체비율(명,%)		남성비율(명, %)		여성비율(명, %)	
직업별 취업자	전문·기술, 행정관리자	6,360	22.4	55	20.8	16	20.3	39	21.1
	사무종사자	4,867	17.1	38	14.4	8	10.1	30	16.2
	서비스·판매종사자	5,990	21.1	73	27.6	10	12.7	63	34.1
	농림·어업, 숙련종사자	1,594	5.6	8	3.0	3	3.8	5	2.7
	기능·기계조작·조립·단순노무종사자	9,578	33.7	90	34.1	42	53.2	48	26.0
	기타	–	–	–	–	–	–	–	–
	계	28,389	100.0	264	100.0	79	100.0	185	100.0
종사상 지위별 취업자	비임금근로자	6,697	23.6	47	18.0	18	22.8	29	15.8
	자영업주	5,711	20.2	45	17.2	17	21.5	28	15.3
	무급가족종사자	987	3.5	2	0.8	1	1.3	1	0.5
	임금근로자	21,692	76.4	215	82.0	61	77.2	154	84.2
	상용근로자	15,817	55.7	129	49.2	35	44.3	94	51.4
	임시근로자	4,773	16.8	34	13.0	11	13.9	23	12.6
	일용근로자	1,102	3.9	52	19.8	15	19.0	37	20.2
	계	28,389	100.0	262	100.0	79	100.0	183	100.0
취업 시간대별 취업자	일시 휴직자	457	1.6	0	0.0	0	0.0	0	0.0
	1~17	2,510	8.8	24	9.1	5	6.3	19	10.3
	18~35	13,080	46.1	39	14.8	5	6.3	34	18.4
	36시간 이상	12,342	43.5	201	76.1	69	87.3	132	71.3
	36~52	10,271	36.2	158	59.8	49	62.0	109	58.9
	53시간 이상	2,071	7.3	43	16.3	20	25.3	23	12.4
	주당평균 취업시간	34.6				40.7			
	계	28,389	100.0	264	100.0	79	100.0	185	100.0
실업자 구성비 (연령대로 구분)	15~29세	258	36.6	1	8.3	1	33.3	0	0.0
	15~19세	6	0.9	0	0.0	0	0.0	0	0.0
	20~29세	252	35.7	1	8.3	1	33.3	0	0.0
	30~39세	141	20.0	4	33.3	1	33.3	3	33.3
	40~49세	113	16.1	4	33.3	0	0.0	4	44.4
	50~59세	102	14.5	2	16.7	0	0.0	2	22.2
	60세 이상	90	12.8	1	8.3	1	33.3	0	0.0
	계	704	100.0	12	100.0	3	100.0	9	100.0
연령대별 실업률	15~29세	258	6.1	1	3.1	1	7.1	0	0.0
	15~19세	6	3.4	0	0.0	0	0.0	0	0.0
	20~29세	252	6.2	1	3.1	1	7.1	0	0.0
	30~39세	141	2.6	4	5.8	1	4.3	3	6.5
	40~49세	113	1.8	4	4.4	0	0.0	4	5.6
	50~59세	102	1.5	2	3.1	0	0.0	2	4.4
	60세 이상	90	1.4	1	5.3	1	20.0	0	0.0
	전체	704	2.4	12	4.3	3	3.7	9	4.6
교육 정도별 실업률	중학교 졸업이하	55	1.4	1	3.7	–	–	–	–
	고등학교 졸업	309	2.9	8	4.9	–	–	–	–
	대학 졸업이상	340	2.4	3	4.0	–	–	–	–
	전체 실업률	704	2.4	12	4.4	–	–	–	–

3. 2021년 하반기(11월) 북한이탈주민 경제활동 동향 요약

구분		2021년 11월 조사					
		일반국민			조사대상 북한이탈주민		
		전체	수도권	지방	전체	수도권	지방
경제활동인구총괄	15세 이상	45,181천명	-	-	407	272	135
	경제활동인구	28,528천명	-	-	272	174	98
	취업자	27,795천명	-	-	264	169	95
	실업자	734천명	-	-	8	5	3
	비경제 활동인구	16,653천명	-	-	135	98	37
	경제활동 참가율(%)	63.1	-	-	66.8	64.0	72.6
	고용률(%)	61.4	-	-	64.9	62.1	70.4
	실업률(%)	2.8	-	-	2.9	2.9	3.1

구분		일반국민		조사대상 북한 이탈 주민					
		천명	비율(%)	전체비율(명,%)		남성비율(명, %)		여성비율(명, %)	
연령대별 경제활동인구	15~29세	-	-	33	12.1	12	13.9	21	11.3
	15~19세	-	-	2	0.7	2	2.3	0	0.0
	20~29세	-	-	31	11.4	10	11.6	21	11.3
	30~39세	-	-	70	25.7	26	30.2	44	23.7
	40~49세	-	-	83	30.5	22	25.6	61	32.8
	50~59세	-	-	70	25.7	22	25.6	48	25.8
	60세 이상	-	-	16	5.9	4	4.7	12	6.5
	계	-	-	272	100.0	86	100.0	186	100.0
연령대별 취업자	15~29세	3,752	13.8	32	12.2	11	13.2	21	11.6
	15~19세	142	0.5	2	0.8	2	2.4	0	0.0
	20~29세	3,610	13.3	30	11.4	9	10.8	21	11.6
	30~39세	5,339	19.6	67	25.4	25	30.1	42	23.2
	40~49세	6,349	23.3	80	30.3	22	26.5	58	32.0
	50~59세	6,423	23.6	70	26.5	22	26.5	48	26.5
	60세 이상	5,379	19.7	15	5.7	3	3.6	12	6.6
	계	27,241	100.0	264	100.1	83	99.9	181	99.9
교육정도별 취업자	인민학교	-	-	24	9.1	-	-	-	-
	고등중	-	-	158	59.8	-	-	-	-
	대졸	-	-	73	27.7	-	-	-	-
	없음	-	-	9	3.4	-	-	-	-
	계	-	-	264	100.0	-	-	-	-
산업별 취업자	농림, 어업	1,510	5.4	11	4.2	3	3.6	8	4.4
	광공업	4,412	15.9	30	11.4	10	12.0	20	11.0
	제조업	4,402	15.0	-	-	-	-	-	-
	사회간접자본 및 기타 서비스업	21,874	78.7	223	84.4	70	84.4	153	84.5
	건설업	2,140	7.7	23	8.7	15	18.1	8	4.4
	도소매·숙박음식업	5,402	19.4	56	21.2	16	19.3	40	22.1
	전기, 운수, 통신, 금융	3,466	12.5	32	12.1	17	20.5	15	8.3
	사업, 개인, 공공 서비스 및 기타	10,866	39.1	112	42.4	22	26.5	90	49.7
	무응답	-	-	0	0.0	0	0.0	0	0.0
	계	27,796	100.0	264	100.0	83	100.0	181	264

구분	일반국민		조사대상 북한 이탈 주민		
	천명	비율	전체비율(명,%)	남성비율(명, %)	여성비율(명, %)

분류	세부								
직업별 취업자	전문·기술, 행정관리자	6,143	22.1	57	21.6	25	30.1	32	21.6
	사무종사자	4,783	17.2	22	8.4	3	3.6	19	8.3
	서비스·판매종사자	5,830	21	81	30.6	10	12.0	71	30.6
	농림·어업, 숙련종사자	1,432	5.1	9	3.4	3	3.6	6	3.4
	기능·기계조작·조립·단순노무종사자	9,615	34.6	94	35.6	42	50.5	52	35.6
	기타	-	-	1	0.4	0	0	1	0.4
	계	27,795	100.0	264	100.0	83	99.8	181	99.9
종사상 지위별 취업자	비임금근로자	6,574	23.7	40	15.2	19	22.9	21	11.6
	자영업주	5,560	20.0	40	15.2	19	22.9	21	11.6
	무급가족종사자	1,014	3.6	-	-	-	-	-	-
	임금근로자	21,221	76.3	224	84.9	64	77.1	160	88.4
	상용근로자	15,139	54.5	115	43.6	35	42.2	80	44.2
	임시근로자	4,844	17.4	34	12.9	7	8.4	27	14.9
	일용근로자	1,238	4.5	75	28.4	22	26.5	53	29.3
	계	27,795	100.0	264	100.1	83	100.0	181	100.0
취업 시간대별 취업자	일시 휴직자	352	1.3	-	-	-	-	-	-
	1~17	2,138	7.7	38	14.4	8	9.6	30	16.6
	18~35	3,980	14.3	48	18.2	8	9.6	40	22.1
	36시간 이상	21,324	76.7	178	67.5	67	80.7	111	61.4
	36~52	18,242	65.6	134	50.8	45	54.2	89	49.2
	53시간 이상	3,082	11.1	44	16.7	22	26.5	22	12.2
	주당평균 취업시간	39.3				39			
	계	27,795	100.0	264	100.1	83	99.9	181	100.1
실업자 구성비 (연령대로 구분)	15~29세	228	31.1	1	12.5	1	33.3	0	0
	15~19세	10	1.3	0	0	0	0	0	0
	20~29세	219	29.8	1	12.5	1	33.3	0	0
	30~39세	154	21.0	3	37.5	1	0	2	40.0
	40~49세	132	18.0	3	37.5	0	0	3	60.0
	50~59세	125	17.0	0	0	0	0	0	0
	60세 이상	95	13.0	1	12.5	1	33.3	0	0
	계	734	100.0	8	100.0	3	99.9	5	100.0
연령대별 실업률	15~29세	228	5.5	1	3.2	1	3.3	0	0.0
	15~19세	10	6.0	0	0	0	0	0	0.0
	20~29세	219	5.5	1	3.2	1	3.3	0	0.0
	30~39세	154	2.8	3	4.3	1	3.8	2	4.5
	40~49세	132	2.0	3	3.6	0	0.0	3	4.9
	50~59세	125	1.9	0	0	0	0.0	0	0.0
	60세 이상	95	1.6	1	2.4	1	25.0	0	0.0
	전체	734	2.6	8	2.9	3	3.5	5	2.7
교육 정도별 실업률	중학교 졸업이하	72	1.8	1	0.4	-	-	-	-
	고등학교 졸업	305	2.9	5	1.8	-	-	-	-
	대학 졸업이상	357	2.6	2	0.7	-	-	-	-
	전체 실업률	734	2.6	8	2.9	-	-	-	-

4. 2020년 하반기(12월) 북한이탈주민 경제활동 동향 요약

구분		2020년 12월 조사					
		일반국민			조사대상 북한이탈주민		
		전체	수도권	지방	전체	수도권	지방
경제활동인구 총괄	15세 이상	44,844천명	-	-	414	279	135
	경제활동인구	28,208천명	-	-	260	177	83
	취업자	27,241천명	-	-	240	162	78
	실업자	967천명	-	-	20	15	5
	비경제 활동인구	16,675천명	-	-	154	102	52
	경제활동 참가율(%)	62.8	-	-	62.8	63.4	61.5
	고용률(%)	60.7	-	-	58.0	58.1	57.8
	실업률(%)	3.4	-	-	7.7	8.4	6.0

구분		일반국민		조사대상 북한 이탈 주민					
		천명	비율	전체비율(명,%)		남성비율(명, %)		여성비율(명, %)	
연령대별 경제활동인구	15~29세	-	-	32	12.3	13	5.0	19	7.3
	15~19세	-	-	2	0.8	1	0.4	1	0.4
	20~29세	-	-	30	11.5	12	4.6	18	6.9
	30~39세	-	-	60	23.1	23	8.8	37	14.2
	40~49세	-	-	88	33.8	22	8.5	66	25.4
	50~59세	-	-	63	24.2	17	6.5	46	17.7
	60세 이상	-	-	17	6.5	6	2.3	11	4.2
	계	-	-	260	100.0	81	31.2	179	68.8
연령대별 취업자	15~29세	9,018	56.0	30	12.5	12	14.4	18	11.1
	15~19세	2,558	6.9	2	0.8	1	1.3	1	0.6
	20~29세	6,460	59.1	28	11.7	11	14.1	17	10.5
	30~39세	7,071	76.6	52	21.7	22	28.2	30	18.5
	40~49세	8,207	78.4	84	35.0	22	28.2	62	38.3
	50~59세	8,548	75.9	59	24.6	16	20.5	43	26.5
	60세 이상	12,209	43.3	15	6.3	6	7.7	9	5.6
	계	44,884	100.0	240	100.0	78	100.0	162	100.0
교육정도별 취업자	인민학교	-	-	18	7.5	7	9.0	11	6.8
	고등중	-	-	142	59.2	41	52.6	101	62.3
	대졸	-	-	73	30.4	28	35.9	45	27.8
	없음	-	-	7	2.9	2	2.6	5	3.1
	계	-	-	240	100.0	78	100.0	162	100.0
산업별 취업자	농림, 어업	1,479	5.4	7	2.9	1	1.3	6	3.7
	광공업	4,364	16.0	35	14.6	12	15.4	23	14.2
	제조업	4,351	15.9	35	14.6	12	15.4	23	14.2
	사회간접자본 및 기타 서비스업	21,398	78.6	196	81.7	65	83.3	131	80.9
	건설업	2,124	7.8	16	6.7	12	15.4	4	2.5
	도소매·숙박음식업	5,611	20.6	44	18.3	9	11.5	35	21.6
	전기, 운수, 통신, 금융	3,193	11.4	35	14.6	20	25.6	15	9.3
	사업, 개인, 공공 서비스 및 기타	10,471	38.8	101	42.1	24	30.8	77	47.5
	무응답	0	0	2	0.8	0	0.0	2	1.2
	계	27,241	100.0	240	100.0	78	100.0	162	100.0

구분		일반국민		조사대상 북한 이탈 주민					
		천명	비율	전체비율(명,%)		남성비율(명, %)		여성비율(명, %)	
직업별 취업자	전문·기술, 행정관리자	5,856	21.5	40	16.7	14	18.0	26	16.0
	사무종사자	4,725	17.4	34	14.2	6	7.7	28	17.3
	서비스·판매종사자	5,890	21.6	52	21.7	11	14.1	41	25.3
	농림·어업, 숙련종사자	1,402	5.1	4	1.7	0	0.0	4	2.5
	기능·기계조작·조립·단순노무종사자	7,366	34.4	110	45.8	47	60.2	63	38.9
	계	27,241	100.0	240	100.0	78	100.0	162	100.0
종사상 지위별 취업자	비임금근로자	1,592	24.0	23	9.6	9	11.5	14	8.6
	자영업주	5,523	20.2	23	9.6	9	11.5	14	8.6
	무급가족종사자	1,040	3.8	-	-	-	-	-	-
	임금근로자	20,678	75.9	217	90.5	69	88.5	148	91.4
	상용근로자	14,528	53.3	120	50.0	39	50.0	81	50.0
	임시근로자	4,738	17.4	28	11.7	7	9.0	21	13.0
	일용근로자	1,412	5.2	69	28.8	23	29.5	46	28.4
	계	27,241	100.0	240	100.0	78	100.0	162	100.0
취업 시간대별 취업자	일시 휴직자	474	1.7	0	0.0	0	0.0	0	0.0
	1~17	2,047	7.5	21	8.8	6	7.7	15	9.3
	18~35	3,893	14.3	43	17.9	7	9.0	36	22.2
	36시간 이상	20,827	76.4	176	74.1	65	81.5	111	70.4
	36~52	17,438	64.0	128	55.9	41	50.6	87	58.4
	53시간 이상	3,389	12.4	48	18.2	24	30.9	24	12.0
	주당평균 취업시간	39.4		41.9					
	계	27,241	100.0	240	100.0	78	100.0	162	100.0
실업자 구성비 (연령대로 구분)	15~29세	331	-	2	10.0	1	33.3	1	5.9
	15~19세	9	-	0	0.0	0	0.0	0	0.0
	20~29세	322	-	2	10.0	1	33.3	1	5.9
	30~39세	206	-	8	40.0	1	33.3	7	41.2
	40~49세	150	-	4	20.0	0	0.0	4	23.5
	50~59세	160	-	4	20.0	1	33.3	3	17.6
	60세 이상	239	-	2	10.0	0	0.0	2	11.8
	계	967	-	20	100	3	100.0	17	100.0
연령 대별 실업률	15~29세	331	8.1	2	6.6	1	8.3	1	5.5
	15~19세	9	5.9	0	0.0	0	0.0	0	0.0
	20~29세	322	8.2	2	6.6	1	8.3	1	5.5
	30~39세	206	3.7	8	13.3	1	4.3	7	18.9
	40~49세	150	2.3	4	4.5	0	0	4	6.1
	50~59세	160	2.3	4	6.3	1	5.8	3	6.5
	60세 이상	239	2.2	2	11.7	0	0	2	18.1
	전체	967	3.4	20	7.7	3	3.7	17	9.4
교육 정도별 실업률	중학교 졸업이하	98	2.4	2	10.0	-	-	-	-
	고등학교 졸업	442	4.2	13	8.3	-	-	-	-
	대학 졸업이상	426	3.2	5	6.4	-	-	-	-
	전체 실업률	967	3.4	20	7.7	-	-	-	-

5. 2019년 하반기(10월) 북한이탈주민 경제활동 동향 요약

구분		2019년 10월 조사					
		일반국민			조사대상 북한이탈주민		
		전체	수도권	지방	전체	수도권	지방
경제활동인구 총괄	15세 이상	44,601천명	-	-	431	275	156
	경제활동인구	28,373천명	-	-	255	156	99
	취업자	27,509천명	-	-	247	154	93
	실업자	864천명	-	-	8	2	6
	비경제 활동인구	16,228천명	-	-	176	119	57
	경제활동 참가율(%)	63.6	-	-	59.2	56.7	63.5
	고용률(%)	61.7	-	-	57.3	56.0	59.6
	실업률(%)	3.0	-	-	3.1	1.2	6.1

구분		일반국민		조사대상 북한 이탈 주민					
		천명	비율	전체비율(명,%)		남성비율(명, %)		여성비율(명, %)	
연령대별 경제활동인구	15~29세	-	-	37	14.5	15	17.9	22	12.9
	15~19세	-	-	5	2.0	2	2.4	3	1.8
	20~29세	-	-	32	12.5	13	15.5	19	11.1
	30~39세	-	-	57	22.4	22	26.2	35	20.5
	40~49세	-	-	84	32.9	24	28.6	60	35.1
	50~59세	-	-	65	25.5	20	23.8	45	26.3
	60세 이상	-	-	12	4.7	3	3.6	9	5.3
	계	-	-	255	100.0	84	100.0	171	100.0
연령대별 취업자	15~29세	3,998	44.3	35	14.1	14	17.3	21	12.6
	15~19세	184	7.2	5	2.0	2	2.5	3	1.8
	20~29세	3,814	59.0	30	12.1	12	14.8	18	10.8
	30~39세	5,515	76.2	56	22.7	22	27.2	34	20.5
	40~49세	6,499	78.5	82	33.2	24	29.6	58	34.9
	50~59세	6,502	76.0	62	25.1	18	22.2	44	26.5
	60세 이상	4,996	43.4	12	4.9	3	3.7	9	5.4
	계	27,509	100.0	247	100.0	81	100.0	166	100
교육 정도별 취업자	인민학교	-	-	17	6.9	7	8.6	10	6.0
	고등중	-	-	154	62.3	42	51.9	112	67.5
	대졸	-	-	71	28.8	30	37.1	41	24.7
	없음	-	-	5	2.0	2	2.5	3	1.8
	계	-	-	247	100.0	81	100.0	166	100.0
산업별 취업자	농림, 어업	1,551	5.6	2	0.8	0	0.0	2	1.2
	광공업	4,434	16.1	41	16.6	18	22.2	23	13.9
	제조업	4,434	16.1	41	16.6	18	22.2	23	13.9
	사회간접자본 및 기타 서비스업	21,523	78.2	204	82.6	63	77.8	141	84.9
	건설업	2,039	7.4	14	5.7	11	13.6	3	1.8
	도소매·숙박음식업	5,933	21.6	62	25.1	15	18.5	47	28.3
	전기, 운수, 통신, 금융	3,099	11.2	21	0.5	14	17.3	7	4.2
	사업, 개인, 공공 서비스 및 기타	10,452	38.0	107	43.3	23	28.4	84	50.6
	계	27,509	100.0	247	100.0	81	100.0	166	100.0

구분		일반국민		조사대상 북한 이탈 주민					
		천명	비율	전체비율(명,%)		남성비율(명, %)		여성비율(명, %)	
직업별 취업자	전문·기술, 행정관리자	6,008	21.8	30	12.1	5	6.2	25	15.1
	사무종사자	4,778	17.4	28	11.3	5	6.2	23	13.9
	서비스·판매종사자	6,164	22.4	94	38.1	14	17.3	80	48.2
	농림·어업, 숙련종사자	1,484	5.4	2	0.8	0	0.0	2	1.2
	기능·기계조작·조립·단순노무종사자	9,075	33.0	93	37.7	57	70.4	36	21.7
	계	27,509	100.0	247	100.0	81	100.0	166	100.0
종사상 지위별 취업자	비임금근로자	6,762	24.6	24	9.7	8	9.9	16	9.6
	자영업주	5,628	20.5	23	9.3	8	9.9	15	9.0
	무급가족종사자	1,135	4.1	1	0.4	0	0.0	1	0.6
	임금근로자	20,747	75.4	223	90.3	73	90.1	150	90.4
	상용근로자	14,434	52.5	116	47.0	38	46.9	78	47.0
	임시근로자	4,885	17.8	60	24.3	21	25.9	39	23.5
	일용근로자	1,428	5.2	47	19.0	14	17.3	33	19.9
	계	27,509	100.0	247	100.0	81	100.0	166	100.0
취업 시간대별 취업자	일시 휴직자	308	1.1	0	0.0	0	0.0	0	0.0
	1~17	1,839	6.7	29	11.7	6	7.4	23	13.9
	18~35	3,173	11.5	35	14.2	9	11.1	26	15.7
	36시간 이상	22,189	80.7	183	74.1	66	81.5	117	70.4
	36~52	18,181	66.1	138	55.9	41	50.6	97	58.4
	53시간 이상	4,008	14.6	45	18.2	25	30.9	20	12.0
	주당평균 취업시간	41.0		41.1					
	계	27,509	100.0	247	100.0	81	100.0	166	100.0
실업자 구성비 (연령대로 구분)	15~29세	309	-	2	25.0	1	33.3	1	20.0
	15~19세	9	-	0	0.0	0	0.0	0	0.0
	20~29세	299	-	2	25.0	1	33.3	1	20.0
	30~39세	170	-	1	12.5	0	0.0	1	20.0
	40~49세	126	-	2	25.0	0	0.0	2	40.0
	50~59세	145	-	3	37.5	2	66.7	1	20.0
	60세 이상	114	-	0	0.0	0	0.0	0	0.0
	계	864	-	8	100.0	3	100.0	5	100.0
연령대별 실업률	15~29세	309	7.2	2	5.4	1	6.7	1	4.6
	15~19세	9	4.9	0	0.0	0	0.0	0	0.0
	20~29세	299	7.3	2	6.3	1	7.7	1	5.3
	30~39세	170	3.0	1	1.8	0	0.0	1	2.9
	40~49세	126	1.9	2	2.4	0	0.0	2	3.3
	50~59세	145	2.2	3	4.6	2	10.0	1	2.2
	60세 이상	114	2.2	0	0.0	0	0.0	0	0.0
	전체	864	3.0	8	3.1	3	3.6	5	2.9
교육 정도별 실업률	중학교 졸업이하	113	2.7	0	0.0	-	-	-	-
	고등학교 졸업	348	3.2	7	4.4	-	-	-	-
	대학 졸업이상	403	3	1	2.4	-	-	-	-
	전체 실업률	864	3.0	8	3.1	-	-	-	-

6. 2018년 하반기(12월) 북한이탈주민 경제활동 동향 요약

구분		2018년 12월 조사						
		일반국민			조사대상 북한이탈주민			
		전체	수도권	지방	전체	수도권	지방
경제활동인구 총괄	15세 이상	44,316천명	-	-	414	269	145
	경제활동인구	27,582천명	-	-	256	165	91
	취업자	26,638천명	-	-	244	158	86
	실업자	944천명	-	-	12	7	5
	비경제 활동인구	16,733천명	-	-	158	104	54
	경제활동 참가율(%)	62.2	-	-	61.8	61.3	62.8
	고용률(%)	60.1	-	-	58.9	58.7	59.3
	실업률(%)	3.4	-	-	4.7	4.2	5.5

구분		일반국민		조사대상 북한 이탈 주민					
		천명	비율	전체비율(명, %)		남성비율(명, %)		여성비율(명, %)	
연령대별 경제활동인구	15~29세	-	-	42	16.4	15	18.8	27	15.4
	15~19세	-	-	2	0.8	1	1.3	1	0.6
	20~29세	-	-	40	15.6	14	17.5	26	14.8
	30~39세	-	-	65	25.4	24	30.0	41	23.3
	40~49세	-	-	92	35.9	23	28.8	69	39.2
	50~59세	-	-	51	19.9	17	21.3	34	19.3
	60세 이상	-	-	6	2.3	1	1.3	5	2.8
	계	-	-	256	100.0	80	100.0	176	100.0
연령대별 취업자	15~29세	3,884	-	40	16.4	15	19.0	25	15.1
	15~19세	184	-	2	0.8	1	1.3	1	0.6
	20~29세	3,700	-	38	15.6	14	17.7	24	14.5
	30~39세	5,548	-	62	25.4	24	30.4	38	23.0
	40~49세	6,611	-	86	35.2	23	29.1	63	38.2
	50~59세	6,369	-	51	20.9	17	21.5	34	20.6
	60세 이상	4,226	-	5	2.0	0	0.0	5	3.0
	계	26,638	-	244	100.0	79	100.0	165	100.0
교육정도별 취업자	인민학교	-	-	7	2.9	2	2.5	5	3.0
	고등중	-	-	169	69.3	46	58.2	123	74.5
	대졸	-	-	65	26.6	29	36.7	36	21.8
	기타/무응답	-	-	3	1.2	2	2.5	1	0.6
	계	-	-	244	100.0	79	100.0	165	100.0
산업별 취업자	농림, 어업	1,169	4.4	3	1.2	0	0.0	3	1.8
	광공업	4,491	16.9	32	13.2	14	17.9	18	11.0
	제조업	4,491	16.9	32	13.2	14	17.9	18	11.0
	사회간접자본 및 기타 서비스업	20,979	78.7	207	85.5	64	82.1	143	87.2
	건설업	2,074	7.8	16	6.6	12	15.4	4	2.4
	도소매·숙박음식업	5,951	22.3	59	24.4	13	16.7	46	28.0
	전기, 운수, 통신, 금융	3,133	11.7	33	13.6	13	16.7	20	12.2
	사업, 개인, 공공 서비스 및 기타	9,821	36.9	99	40.9	26	33.3	73	44.5
	계	26,638	100.0	242	100.0	78	100.0	164	100.0

구분		일반국민		조사대상 북한 이탈 주민					
		천명	비율	전체비율(명,%)		남성비율(명, %)		여성비율(명, %)	
직업별 취업자	전문·기술, 행정관리자	5,925	22.3	40	16.4	13	16.5	27	16.3
	사무종사자	4,765	17.9	22	9.0	3	3.8	19	11.5
	서비스·판매종사자	6,043	22.6	87	35.6	11	14.0	76	46.1
	농림·어업, 숙련종사자	1,108	4.2	4	1.6	1	1.3	3	1.8
	기능·기계조작·조립·단순노무종사자	8,798	33.0	91	37.3	51	64.6	40	24.2
	계	26,638	100.0	244	100.0	79	100.0	165	100.0
종사상 지위별 취업자	비임금근로자	6,493	24.4	33	13.6	14	17.7	19	11.6
	자영업주	5,495	20.7	32	13.2	14	17.7	18	11.0
	무급가족종사자	997	3.7	1	0.4	0	0.0	1	0.6
	임금근로자	20,146	75.6	209	86.4	65	82.3	144	88.3
	상용근로자	13,934	52.3	120	49.6	43	54.4	77	47.2
	임시근로자	4,672	17.5	31	12.8	10	12.7	21	12.9
	일용근로자	1,540	5.8	58	24.0	12	15.2	46	28.2
	계	26,638	100.0	242	100.0	79	100.0	163	100.0
취업시간대별 취업자	일시 휴직자	315	1.2	0	0.0	0	0.0	0	0.0
	1~17	1,545	5.8	16	6.7	0	0.0	16	9.8
	18~35	3,163	11.9	32	13.3	2	2.6	30	18.3
	36시간 이상	21,616	81.1	192	80.0	74	97.4	118	71.9
	36~52	17,453	65.5	133	55.4	38	50.0	95	57.9
	53시간 이상	4,162	15.6	59	24.6	36	47.4	23	14.0
	주당평균 취업시간	41.5		45.1					
	계	26,638	100.0	240	100.0	76	100.0	164	100.0
실업자 구성비 (연령대로 구분)	15~29세	366	-	2	16.7	0	0.0	2	18.2
	15~19세	19	-	0	0.0	0	0.0	0	0.0
	20~29세	347	-	2	16.7	0	0.0	2	18.2
	30~39세	157	-	3	25.0	0	0.0	3	27.3
	40~49세	152	-	6	50.0	0	0.0	6	54.5
	50~59세	154	-	0	0.0	0	0.0	0	0.0
	60세 이상	115	-	1	8.3	1	100.0	0	0.0
	계	944	-	12	100.0	1	100.0	11	100.0
연령대별 실업률	15~29세	366	8.6	2	5.0	0	0.0	2	7.7
	15~19세	19	9.2	0	0.0	0	0.0	0	0.0
	20~29세	347	8.6	2	5.0	0	0.0	2	7.7
	30~39세	157	2.8	3	4.6	0	0.0	3	7.3
	40~49세	152	2.3	6	6.5	0	0.0	6	8.7
	50~59세	154	2.4	0	0.0	0	0.0	0	0.0
	60세 이상	115	2.6	1	16.7	1	100.0	0	0.0
	전체	944	3.4	12	4.7	1	1.3	11	6.3
교육정도별 실업률	중학교 졸업이하	96	2.5	0	0.0	-	-	-	-
	고등학교 졸업	426	4.0	10	5.6	-	-	-	-
	대학 졸업이상	422	3.2	2	4.8	-	-	-	-
	전체 실업률	944	3.4	12	4.7	-	-	-	-

7. 2017년 하반기(11월) 북한이탈주민 경제활동 동향 요약

구분		2017년 11월 조사					
		일반국민			조사대상 북한이탈주민		
		전체	수도권	지방	전체	수도권	지방
경제활동인구 총괄	15세 이상	43,848천명	-	-	415	267	148
	경제활동인구	27,719천명	-	-	244	151	93
	취업자	26,845천명	-	-	235	144	91
	실업자	874천명	-	-	9	7	2
	비경제 활동인구	16,129천명	-	-	171	116	55
	경제활동 참가율(%)	63.2	-	-	58.8	56.6	62.8
	고용률(%)	61.2	-	-	56.6	53.9	61.5
	실업률(%)	3.2	-	-	3.7	4.6	2.2

구분		일반국민		조사대상 북한 이탈 주민					
		천명	비율	전체비율(명,%)		남성비율(명, %)		여성비율(명, %)	
연령대별 경제활동인구	15~29세	-	-	41	16.8	19	22.6	22	13.7
	15~19세	-	-	1	0.4	0	0.0	1	0.6
	20~29세	-	-	40	16.4	19	22.6	21	13.1
	30~39세	-	-	66	27.0	24	28.6	42	26.3
	40~49세	-	-	90	36.9	25	29.8	65	40.6
	50~59세	-	-	37	15.2	13	15.5	24	15.0
	60세 이상	-	-	10	4.1	3	3.6	7	4.4
	계	-	-	244	100.0	84	100.0	160	100.0
연령대별 취업자	15~29세	3,897	14.5	40	17.0	19	23.2	21	13.8
	15~19세	198	0.7	1	0.4	0	0.0	1	0.7
	20~29세	3,699	13.8	39	16.6	19	23.2	20	13.1
	30~39세	5,653	21.1	63	26.8	23	28.0	40	26.1
	40~49세	6,594	24.6	87	37.0	25	30.5	62	40.5
	50~59세	6,318	23.5	35	14.9	12	14.6	23	15.0
	60세 이상	4,383	16.3	10	4.3	3	3.7	7	4.6
	계	26,845	100.0	235	100.0	82	100.0	153	100.0
교육 정도별 취업자	인민학교	-	-	7	3.0	3	3.7	4	2.6
	고등중	-	-	159	67.7	47	57.3	112	73.2
	대졸	-	-	66	28.1	30	36.6	36	23.5
	기타/무응답	-	-	3	1.3	2	2.4	1	0.7
	계	-	-	235	100.0	82	100.0	153	100.0
산업별 취업자	농림, 어업	1,370	5.1	3	1.3	1	1.2	2	1.3
	광공업	4,511	10.8	35	14.0	18	22.0	17	11.1
	제조업	4,489	16.7	35	14.9	18	22.0	17	11.1
	사회간접자본 및 기타 서비스업	20,964	78.1	197	83.8	63	76.8	134	87.6
	건설업	2,015	7.5	14	6.0	11	13.4	3	2.0
	도소매·숙박음식업	6,044	22.5	52	22.1	10	12.2	42	27.5
	전기, 운수, 통신, 금융	3,064	11.4	32	13.6	20	24.4	12	7.8
	사업, 개인, 공공 서비스 및 기타	9,840	36.7	99	42.1	22	26.8	77	50.3
	계	26,845	100.0	235	100.0	82	100.0	153	100.0

구분		일반국민		조사대상 북한 이탈 주민					
		천명	비율	전체비율(명,%)		남성비율(명, %)		여성비율(명, %)	
직업별 취업자	전문·기술, 행정관리자	5,809	21.6	36	15.3	20	24.4	16	10.5
	사무종사자	4,627	17.2	36	15.3	5	6.1	31	20.3
	서비스·판매종사자	5,943	22.1	66	28.1	7	8.5	59	38.6
	농림·어업, 숙련종사자	1,284	4.8	2	0.9	1	1.2	1	0.7
	기능·기계조작·조립·단순노무종사자	9,183	34.2	95	40.4	49	59.8	46	30.1
	계	26,845	100.0	235	100.0	82	100.0	153	100.0
종사상 지위별 취업자	비임금근로자	6,803	25.3	207	88.0	68	83.0	139	90.8
	자영업주	5,669	21.1	123	52.3	44	53.7	79	51.6
	무급가족종사자	1,134	4.2	32	13.6	6	7.3	26	17.0
	임금근로자	20,042	74.7	52	22.1	18	22.0	34	22.2
	상용근로자	13,457	50.1	28	11.9	14	17.1	14	9.2
	임시근로자	5,052	18.8	27	11.5	14	17.1	13	8.5
	일용근로자	1,533	5.7	1	0.4	0	0.0	1	0.7
	계	26,845	100.0	235	100.0	82	100.0	153	100.0
취업 시간대별 취업자	일시 휴직자	287	1.1	2	0.9	0	0.0	2	1.3
	1~17	1,389	5.2	21	8.9	5	6.1	16	10.5
	18~35	2,772	10.3	27	11.5	4	4.9	23	15.0
	36시간 이상	22,396	83.4	185	78.7	73	89.0	112	73.2
	36~53	17,399	64.8	118	50.2	39	47.6	79	51.6
	54시간 이상	4,997	18.6	67	28.5	34	41.5	33	21.6
	주당평균 취업시간	42.8		45.02					
	계	26,845	100.0	235	100.0	82	100.0	153	100.0
실업자 구성비 (연령대로 구분)	15~29세	395	45.2	1	11.1	0	0.0	1	14.3
	15~19세	12	1.4	0	0.0	0	0.0	0	0.0
	20~29세	383	43.8	1	11.1	0	0.0	1	14.3
	30~39세	169	19.3	3	33.3	1	50.0	2	28.6
	40~49세	119	13.6	3	33.3	0	0.0	3	42.9
	50~59세	105	12.0	2	22.2	1	50.0	1	14.3
	60세 이상	86	9.8	0	0.0	0	0.0	0	0.0
	계	874	100.0	9	100.0	2	100.0	7	100.0
연령대별 실업률	15~29세	395	9.2	1	2.4	0	0.0	1	4.5
	15~19세	12	5.7	0	0.0	0	0.0	0	0.0
	20~29세	383	9.4	1	2.5	0	4.2	1	4.8
	30~39세	169	2.9	3	4.5	1	0.0	2	4.8
	40~49세	119	1.8	3	3.3	0	0.0	3	4.6
	50~59세	105	1.6	2	5.4	1	7.7	1	4.2
	60세 이상	86	1.9	0	0	0	0	0	0.0
	전체	874	3.2	9	3.7	2	2.4	7	4.4
교육 정도별 실업률	중학교 졸업이하	78	8.9	0	0.0	0	0.0	0	0.0
	고등학교 졸업	342	39.1	6	3.6	0	0.0	6	5.1
	대학 졸업이상	455	52.0	3	4.3	2	6.3	1	2.7
	전체 실업률	875	100.0	9	3.7	2	2.4	7	4.4

8. 2016년 하반기(11월) 북한이탈주민 경제활동 동향 요약

구분		2016년 11월 조사					
		일반국민			조사대상 북한 이탈 주민		
		전체	수도권	지방	전체	수도권	지방
경제 활동 인구 총괄	15세 이상	43,537천명	-	-	400	259	141
	경제활동인구	27,446천명	-	-	237	152	85
	취업자	26,592천명	-	-	221	140	81
	실업자	854천명	-	-	16	12	4
	비경제 활동인구	16,091천명	-	-	163	107	56
	경제활동 참가율(%)	63.0	-	-	59.3	58.7	60.3
	고용률(%)	61.1	-	-	55.3	54.1	57.4
	실업률(%)	3.1	-	-	6.8	7.9	4.7

구분		일반국민		조사대상 북한 이탈 주민			
		천명	비율	명	전체비율(%)	남성비율(명, %)	여성비율(명, %)
연령대별 경제 활동 인구	15~29세	-	-	45	18.9	20(25.1)	25(15.9)
	15~19세	-	-	2	0.8	1(1.3)	1(0.6)
	20~29세	-	-	43	18.1	19(23.8)	24(15.3)
	30~39세	-	-	64	27.0	22(27.5)	42(26.8)
	40~49세	-	-	84	35.4	23(28.8)	61(38.9)
	50~59세	-	-	33	13.9	13(13.9)	22(13.8)
	60세 이상	-	-	11	4.6	4(5.0)	7(54.5)
	계	-	-	237	100.0	80(100.0)	157(100.0)
연령대별 취업자	15~29세	3,936	14.8	41	18.5	20(26.3)	21(14.5)
	15~19세	215	0.8	2	0.9	1(1.3)	1(0.7)
	20~29세	3,721	14.0	39	17.6	19(25.0)	20(13.8)
	30~39세	5,654	21.3	59	26.7	21(27.6)	38(26.2)
	40~49세	6,670	25.1	80	36.2	22(28.9)	58(40.0)
	50~59세	6,206	23.3	31	14.0	10(13.2)	21(14.5)
	60세 이상	4,126	15.5	10	4.5	3(3.9)	7(4.8)
	계	26,592	100.0	221	100.0	76(100.0)	145(100.0)
교육정도별 취업자	인민학교	-	-	15	6.8	9(11.8)	6(4.1)
	고등중	-	-	148	67.0	40(52.6)	108(74.5)
	대졸	-	-	53	24.0	25(32.9)	28(19.3)
	기타/무응답	-	-	5	2.2	2(2.6)	3(2.1)
	계	-	-	221	100.0	76(100.0)	145(100.0)
산업별 취업자	농림, 어업	1,368	5.1	3	1.3	1(1.3)	2(1.4)
	광공업	4,464	16.8	1	0.5	0(0.0)	1(0.7)
	제조업	4,443	16.7	45	24.3	25(32.9)	20(13.8)
	사회간접자본 및 기타 서비스업	20,759	78.1	172	77.8	50(65.8)	122(84.1)
	건설업	1,947	7.3	9	4.0	7(9.2)	2(1.4)
	도소매·숙박음식업	6,021	22.6	57	25.8	11(14.5)	46(31.7)
	전기, 운수, 통신, 금융	3,117	11.7	19	8.6	9(11.8)	10(6.9)
	사업, 개인, 공공 서비스 및 기타	9,674	36.4	87	39.4	23(30.3)	64(44.1)
	계	26,592	100.0	221	100.0	76(100.0)	145(100.0)

구분		일반국민		조사대상 북한 이탈 주민			
		천명	비율	명	전체비율(명,%)	남성비율(명, %)	여성비율(명, %)
직업별 취업자	전문·기술, 행정관리자	5,746	21.9	33	14.9	16(21.1)	17(11.7)
	사무종사자	4,532	17.0	35	15.8	8(10.5)	27(18.6)
	서비스·판매종사자	5,933	22.3	49	22.2	4(5.3)	45(31.0)
	농림·어업, 숙련종사자	1,276	4.8	3	1.4	1(1.3)	2(1.4)
	기능·기계조작·조립·단순노무종사자	9,106	34.2	101	45.7	47(61.8)	54(37.2)
	계	26,592	100.0	221	100.0	76(100.0)	145(100.0)
종사상 지위별 취업자	비임금근로자	6,622	25.7	27	12.2	13(17.1)	14(9.7)
	자영업주	5,665	21.3	27	12.2	13(17.1)	14(9.7)
	무급가족종사자	1,157	4.4	0	0.0	0(0.0)	0(0.0)
	임금근로자	19,770	74.3	194	87.8	63(82.9)	131(90.3)
	상용근로자	13,088	49.2	91	41.2	36(47.4)	55(37.9)
	임시근로자	5,146	19.4	43	19.5	8(10.5)	35(24.1)
	일용근로자	1,536	5.8	60	27.1	19(25.0)	41(28.3)
	무응답	0	0.0	0	0.0	0(0.0)	0(0.0)
	계	26,592	100.0	221	100.0	76(100.0)	145(100.0)
취업 시간대별 취업자	일시 휴직자	297	1.1	2	0.9	1(1.3)	1(0.7)
	1~17	1,260	4.7	21	9.5	9(11.8)	12(8.3)
	18~35	2,594	9.8	34	15.4	5(6.6)	29(20.0)
	36시간 이상	22,440	84.4	159	71.6	63(88.7)	96(63.6)
	36~53	17,061	64.2	114	51.6	38(50.0)	76(52.4)
	54시간 이상	5,380	20.2	50	22.6	23(30.3)	27(18.6)
	무응답	0	0.0	0	0.0	0(0.0)	0(0.0)
	주당평균 취업시간	43.5			42.1		
	계	26,592	100.0	221	100.0	76(100.0)	145(100.0)
실업자 구성비 (연령대로 구분)	15~29세	349	40.9	4	25.0	0(0.0)	4(33.3)
	15~19세	18	2.1	0	0.0	0(0.0)	0(0.0)
	20~29세	331	38.8	4	25.0	0(0.0)	4(33.3)
	30~39세	173	20.3	5	31.3	1(25.0)	4(33.3)
	40~49세	117	13.7	4	25.0	1(25.0)	3(25.0)
	50~59세	129	15.1	2	12.5	1(25.0)	1(8.3)
	60세 이상	86	10.1	1	6.3	1(25.0)	0(0.0)
	계	854	100.0	16	100.0	4(100.0)	12(100.0)
연령대별 실업률	15~29세	349	15.9	4	9.3	0.0	16.7
	15~19세	18	7.7	0	0.0	0.0	0.0
	20~29세	331	8.2	4	9.3	0.0	16.7
	30~39세	173	3.0	5	7.8	4.5	9.5
	40~49세	117	1.7	4	4.8	4.3	4.9
	50~59세	129	2.0	2	6.1	9.1	4.5
	60세 이상	86	2.0	1	9.1	25.0	0.0
	전체	854	3.1	16	6.8	5.0	7.6
교육 정도별 실업률	중학교 졸업이하	87	2.0	2	10.5	0.0	22.2
	고등학교 졸업	369	3.4	12	8.1	7.5	8.3
	대학 졸업이상	398	3.2	2	3.8	4.0	3.6
	무응답	0	0.0	0	-	-	-
	전체 실업률	854	3.1	16	6.8	5.3	8.3

9. 2015년 하반기(11월) 북한이탈주민 경제활동 동향 요약

구분		2015년 11월 조사					
		일반국민			조사대상 북한 이탈 주민		
		전체	수도권	지방	전체	수도권	지방
경제 활동 인구 총괄	15세 이상	43,181	-	-	403	261	124
	경제활동인구	27,082	-	-	239	143	96
	취업자	26,253	-	-	222	133	89
	실업자	829	-	-	17	10	7
	비경제 활동인구	16,099	-	-	164	118	46
	경제활동 참가율(%)	62.7	-	-	59.3	54.8	77.4
	고용률(%)	60.8	-	-	55.1	51.0	71.8
	실업률(%)	3.1	-	-	7.1	7.0	7.3

구분		일반국민		조사대상 북한 이탈 주민			
		천명	비율	명	전체비율(%)	남성비율 명(%)	여성비율 명(%)
연령대 별 경제 활동 인구	15~29세	-	-	42	17.6	20(26.7)	22(13.4)
	15~19세	-	-	0	0.0	0(0.0)	0(0.0)
	20~29세	-	-	42	17.6	20(26.7)	22(13.4)
	30~39세	-	-	63	26.4	20(26.7)	43(26.2)
	40~49세	-	-	91	38.1	24(32.0)	67(40.9)
	50~59세	-	-	33	13.8	10(13.3)	23(14.0)
	60세 이상	-	-	10	4.2	1(1.3)	9(5.5)
	계	-	-	239	100.0	75(100.0)	164(100.0)
연령대 별 취업자	15~29세	3,955	15.1	37	16.7	17(23.9)	20(13.2)
	15~19세	218	0.8	0	0.0	0(0.0)	0(0.0)
	20~29세	3,737	14.2	37	16.7	17(23.9)	20(13.2)
	30~39세	5,680	21.6	57	25.7	19(26.8)	38(25.2)
	40~49세	6,715	25.6	86	38.7	24(33.8)	62(41.1)
	50~59세	6,094	23.2	32	14.4	10(14.1)	22(14.6)
	60세 이상	3,809	14.5	10	4.5	1(1.4)	9(6.0)
	계	26,253	100.0	222	100.0	71(100.0)	151(100.0)
교육 정도별 취업자	인민학교	-	-	14	6.3	1(1.5)	7(4.8)
	고등중	-	-	145	65.3	41(60.3)	104(70.7)
	대졸	-	-	56	25.2	23(33.8)	33(22.4)
	기타/무응답	-	-	7	3.2	3(4.4)	3(2.0)
	계	-	-	222	100.0	68(100.0)	147(100.0)
산업별 취업자	농림, 어업	1,337	5.1	5	2.3	1(1.4)	4(2.6)
	광공업	4,562	17.4	54	24.3	25(35.2)	29(19.2)
	제조업	4,545	17.3	54	24.3	25(35.2)	29(19.2)
	사회간접자본 및 기타 서비스업	20,353	77.5	163	73.4	45(63.4)	33(78.1)
	건설업	1,837	7.0	11	5.0	8(11.3)	3(2.0)
	도소매 숙박음식업	5,967	22.7	61	27.5	7(9.9)	54(35.0)
	전기, 운수, 통신, 금융	3,094	11.8	18	8.1	9(12.7)	9(6.0)
	사업, 개인, 공공 서비스 및 기타	9,456	36.0	73	32.9	21(29.6)	52(34.4)
	계	26,253	100.0	222	100.0	71(100.0)	151(100.0)

구분		일반국민		조사대상 북한 이탈 주민			
		천명	비율	명	전체비율(%)	남성비율 명(%)	여성비율 명(%)
직업별 취업자	전문·기술, 행정관리자	5,602	21.3	31	14.0	10(14.1)	21(13.9)
	사무종사자	4,461	17.0	25	11.3	5(7.0)	20(13.2)
	서비스·판매종사자	5,892	22.4	58	26.1	5(7.0)	53(35.1)
	농림·어업, 숙련종사자	1,233	4.7	4	1.8	1(1.4)	3(2.0)
	기능·기계조작·조립·단순노무종사자	9,064	34.5	104	46.8	50(70.4)	54(35.8)
	계	26,253	100.0	222	100.0	71(100.0)	151(100.0)
종사상 지위별 취업자	비임금근로자	6,669	25.4	22	10.0	9(12.7)	13(8.6)
	자영업주	5,524	21.0	19	8.6	9(12.7)	10(6.6)
	무급가족종사자	1,146	4.4	3	1.4	0(0.0)	3(2.0)
	임금근로자	19,584	74.6	200	90.0	62(87.3)	138(91.4)
	상용근로자	12,791	48.7	96	43.2	40(56.3)	56(37.1)
	임시근로자	5,294	20.2	32	14.4	7(9.9)	25(16.6)
	일용근로자	1,499	5.7	72	32.4	15(21.1)	57(37.7)
	무응답	0	0.0	0	0.0	0(0.0)	0(0.0)
	계	26,253	100.0	222	100.0	71(100.0)	151(100.0)
취업 시간대별 취업자	일시 휴직자	314	1.2	2	0.9	0(0.0)	2(1.3)
	1~17	1,257	4.8	29	13.1	3(4.2)	26(17.2)
	18~35	2,652	10.1	32	14.4	5(7.0)	27(17.9)
	36시간 이상	22,031	83.9	159	71.6	63(88.7)	96(63.6)
	36~53	16,496	62.8	95	42.8	33(46.5)	62(41.1)
	54시간 이상	5,534	21.1	64	28.8	30(42.3)	34(22.5)
	무응답	0	0.0	0	0.0	0(0.0)	0(0.0)
	주당평균 취업시간	43.6		42.4			
	계	26,253	100.0	222	100.0	71(100.0)	151(100.0)
실업자 구성비 (연령대로 구분)	15~29세	349	42.1	5	29.4	3(75.0)	2(15.4)
	15~19세	17	2.1	0	0.0	0(0.0)	0(0.0)
	20~29세	332	40.0	5	29.4	3(75.0)	2(15.4)
	30~39세	168	20.3	6	35.3	1(25.0)	5(38.5)
	40~49세	126	15.2	5	29.4	0(0.0)	5(38.5)
	50~59세	113	13.6	1	5.9	0(0.0)	1(7.7)
	60세 이상	72	8.7	0	0.0	0(0.0)	0(0.0)
	계	829	100.0	17	100.0	4(100.0)	13(100.0)
연령대별 실업률	15~29세	349	8.1	5	11.9	15.0	9.1
	15~19세	17	7.3	0	0.0	0.0	0.0
	20~29세	332	8.2	5	11.9	15.0	9.1
	30~39세	168	2.9	6	9.5	5.0	11.6
	40~49세	126	1.8	5	5.5	0.0	7.5
	50~59세	113	1.8	1	3.0	0.0	4.3
	60세 이상	72	1.9	0	0.0	0.0	0.0
	전체	829	3.1	17	7.1	5.3	7.9
교육 정도별 실업률	중학교 졸업이하	95	2.1	3	17.6	42.9	0.0
	고등학교 졸업	358	3.3	10	7.1	2.4	8.8
	대학 졸업이상	375	3.2	3	5.0	0.0	8.3
	무응답	0	0.0	1	-	-	-
	전체 실업률	829	3.1	17	7.1	5.3	7.9

10. 2014년 하반기(12월) 북한이탈주민 경제활동 동향 요약

<table>
<thead>
<tr><th colspan="2" rowspan="2">구분</th><th colspan="6">2014년 12월 조사</th></tr>
<tr><th colspan="3">일반국민</th><th colspan="3">조사대상 북한 이탈 주민</th></tr>
</thead>
<tbody>
<tr><td colspan="2"></td><td>전체</td><td>수도권</td><td>지방</td><td>전체</td><td>수도권</td><td>지방</td></tr>
<tr><td rowspan="7">경제
활동
인구
총괄</td><td>15세 이상</td><td>42,728천명</td><td>-</td><td>-</td><td>400</td><td>252</td><td>148</td></tr>
<tr><td>경제활동인구</td><td>26,271천명</td><td>-</td><td>-</td><td>203</td><td>114</td><td>89</td></tr>
<tr><td>취업자</td><td>25,384천명</td><td>-</td><td>-</td><td>189</td><td>108</td><td>81</td></tr>
<tr><td>실업자</td><td>886천명</td><td>-</td><td>-</td><td>14</td><td>6</td><td>8</td></tr>
<tr><td>비경제 활동인구</td><td>16,458천명</td><td>-</td><td>-</td><td>197</td><td>138</td><td>59</td></tr>
<tr><td>경제활동 참가율(%)</td><td>61.5</td><td>-</td><td>-</td><td>50.8</td><td>45.2</td><td>60.1</td></tr>
<tr><td>고용률(%)</td><td>59.4</td><td>-</td><td>-</td><td>47.3</td><td>42.9</td><td>54.7</td></tr>
<tr><td></td><td>실업률(%)</td><td>3.4</td><td>-</td><td>-</td><td>6.9</td><td>5.3</td><td>9.0</td></tr>
<tr><td colspan="2" rowspan="2">구분</td><td colspan="2">일반국민</td><td colspan="4">조사대상 북한 이탈 주민</td></tr>
<tr><td>천명</td><td>비율</td><td>명</td><td>전체비율(%)</td><td>남성비율 명(%)</td><td>여성비율 명(%)</td></tr>
<tr><td rowspan="8">연령대
별
경제
활동
인구</td><td>15~29세</td><td></td><td></td><td>31</td><td>15.3</td><td>13(18.1)</td><td>18(13.7)</td></tr>
<tr><td>15~19세</td><td></td><td></td><td>2</td><td>1.0</td><td>2(2.8)</td><td>0(0.0)</td></tr>
<tr><td>20~29세</td><td></td><td></td><td>29</td><td>14.3</td><td>11(15.3)</td><td>18(13.7)</td></tr>
<tr><td>30~39세</td><td></td><td></td><td>57</td><td>28.0</td><td>23(31.9)</td><td>34(26.0)</td></tr>
<tr><td>40~49세</td><td></td><td></td><td>80</td><td>39.4</td><td>26(36.1)</td><td>54(41.2)</td></tr>
<tr><td>50~59세</td><td></td><td></td><td>31</td><td>15.3</td><td>9(12.5)</td><td>22(16.8)</td></tr>
<tr><td>60세 이상</td><td></td><td></td><td>4</td><td>2.0</td><td>1(1.4)</td><td>3(2.3)</td></tr>
<tr><td>계</td><td></td><td></td><td>203</td><td>100.0</td><td>72(100.0)</td><td>131(100.0)</td></tr>
<tr><td rowspan="8">연령대
별
취업자</td><td>15~29세</td><td>3,849</td><td>15.2</td><td>29</td><td>15.3</td><td>12(17.2)</td><td>17(14.3)</td></tr>
<tr><td>15~19세</td><td>244</td><td>1.0</td><td>2</td><td>1.1</td><td>2(2.9)</td><td>0(0.0)</td></tr>
<tr><td>20~29세</td><td>3,605</td><td>14.2</td><td>27</td><td>14.3</td><td>10(14.3)</td><td>17(14.3)</td></tr>
<tr><td>30~39세</td><td>5,713</td><td>22.5</td><td>51</td><td>27.0</td><td>23(32.8)</td><td>28(23.5)</td></tr>
<tr><td>40~49세</td><td>6,671</td><td>26.2</td><td>77</td><td>40.7</td><td>25(35.7)</td><td>52(43.7)</td></tr>
<tr><td>50~59세</td><td>5,886</td><td>23.1</td><td>28</td><td>14.8</td><td>9(12.9)</td><td>19(16.0)</td></tr>
<tr><td>60세 이상</td><td>3,265</td><td>12.9</td><td>4</td><td>2.1</td><td>1(1.4)</td><td>3(2.5)</td></tr>
<tr><td>계</td><td>25,384</td><td>100.0</td><td>189</td><td>100.0</td><td>70(100.0)</td><td>119(100.0)</td></tr>
<tr><td rowspan="5">교육
정도별
취업자</td><td>중졸</td><td>-</td><td>-</td><td>15</td><td>7.9</td><td>8(11.4)</td><td>7(5.9)</td></tr>
<tr><td>고졸</td><td>-</td><td>-</td><td>124</td><td>65.6</td><td>37(52.9)</td><td>87(73.1)</td></tr>
<tr><td>대졸</td><td>-</td><td>-</td><td>20</td><td>26.5</td><td>25(35.7)</td><td>25(21.0)</td></tr>
<tr><td>기타</td><td>-</td><td>-</td><td>0</td><td>0.0</td><td>0(0.0)</td><td>0(0.0)</td></tr>
<tr><td>계</td><td>-</td><td>-</td><td>189</td><td>100</td><td>70(100.0)</td><td>119(100.0)</td></tr>
<tr><td rowspan="8">산업별
취업자</td><td>농림, 어업</td><td>1,072</td><td>4.2</td><td>4</td><td>2.1</td><td>2(2.9)</td><td>2(1.7)</td></tr>
<tr><td>광공업</td><td>4,416</td><td>17.4</td><td>48</td><td>25.4</td><td>22(31.4)</td><td>26(21.8)</td></tr>
<tr><td>제조업</td><td>4,406</td><td>17.4</td><td>48</td><td>25.4</td><td>22(31.4)</td><td>26(21.8)</td></tr>
<tr><td>사회간접자본 및 기타
서비스업</td><td>19,896</td><td>78.4</td><td>137</td><td>72.5</td><td>46(65.7)</td><td>91(76.4)</td></tr>
<tr><td>건설업</td><td>1,838</td><td>7.2</td><td>14</td><td>7.4%</td><td>13(18.6)</td><td>11(0.8)</td></tr>
<tr><td>도소매·숙박음식업</td><td>6,033</td><td>23.8</td><td>40</td><td>21.2%</td><td>3(4.3)</td><td>37(31.1)</td></tr>
<tr><td>전기, 운수, 통신, 금융</td><td>3,025</td><td>12.0</td><td>13</td><td>6.9%</td><td>5(7.1)</td><td>8(6.7)</td></tr>
<tr><td>사업, 개인, 공공 서비스
및 기타</td><td>9,000</td><td>35.5</td><td>70</td><td>37.0%</td><td>25(35.7)</td><td>45(37.8)</td></tr>
<tr><td></td><td>계</td><td>25,384</td><td>100.0</td><td>189</td><td>100.0</td><td>70(100.0)</td><td>119(100.0)</td></tr>
</tbody>
</table>

구분		일반국민		조사대상 북한 이탈 주민			
		천명	비율	명	전체비율(%)	남성비율 명(%)	여성비율 명(%)
직업별 취업자	전문·기술, 행정관리자	5,568	21.9	21	11.1	-	-
	사무종사자	4,308	17.0	23	12.2	-	-
	서비스·판매종사자	5,851	23.0	48	25.4	-	-
	농림·어업, 숙련종사자	1,006	4.0	2	1.0	-	-
	기능·기계조작·조립·단순노무종사자	8,651	34.1	95	50.3	-	-
	계	25,384	100.0	189	100		
종사상 지위별 취업자	비임금근로자	6,506	25.6	12	6.3		
	자영업주	5,468	21.5	12	6.3		
	무급가족종사자	1,038	4.1	0	0.0		
	임금근로자	18,878	74.4	177	93.7		
	상용근로자	12,310	48.5	86	45.5		
	임시근로자	5,001	19.7	37	19.6		
	일용근로자	1,567	6.2	54	28.6		
	무응답	0	0.0	0	0.0		
	계	25,384	100.0	189	100.0		
취업 시간대별 취업자	일시 휴직자	342	1.3	0	0.0		
	1~17	1,270	5.0	25	13.2		
	18~35	2,570	10.1	20	10.6		
	36시간 이상	21,202	83.5	143	75.7		
	36~53	15,533	61.2	106	56.1		
	54시간 이상	5,669	22.3	37	19.6		
	무응답	0	0.0	1	0.5		
	주당평균 취업시간	44.7(시간)		42.4(시간)		-	-
	계	25,384	100.0	189	100.0		
실업자 구성비 (연령대로 구분)	15~29세	381	43.0	2	14.3	1(50.0)	1(8.3)
	15~19세	38	4.3	0	0.0	0(0.0)	0(0.0)
	20~29세	343	38.7	2	14.3	1(50.0)	1(8.3)
	30~39세	159	17.9	6	42.9	0(0.0)	6(50.0)
	40~49세	149	16.8	3	21.4	1(50.0)	2(16.7)
	50~59세	136	15.3	3	21.4	0(0.0)	3(25.0)
	60세 이상	62	7.0	0	0.0	0(0.0)	0(0.0)
	계	886	100.0	14	192.9	2(100.0)	12(100.0)
연령대별 실업률	15~29세	381	9.0	2	6.5	-	-
	15~19세	38	13.5	0	0.0	-	-
	20~29세	343	8.7	2	6.9	-	-
	30~39세	159	2.7	6	10.5	-	-
	40~49세	149	2.2	3	3.8	-	-
	50~59세	136	2.3	3	9.7	-	-
	60세 이상	62	1.8	0	0.0	-	-
	전체	886	3.4	14	6.9	-	-
교육 정도별 실업률	중학교 졸업이하	108	2.5	1	6.3	-	-
	고등학교 졸업	398	3.8	10	7.5	-	-
	대학 졸업이상	380	3.3	3	5.7	-	-
	기타	0	0.0	0	0.0	-	-
	전체 실업률	886	3.4	14	6.9	-	-

11. 2013년 하반기(12월) 북한이탈주민 경제활동 동향 요약

구분		2013년 12월 조사					
		일반국민			조사대상 북한 이탈 주민		
		전체	수도권	지방	전체	수도권	지방
경제 활동 인구 총괄	15세 이상	42,272천명	-	-	390	272	118
	경제활동인구	25,736천명	-	-	188	114	74
	취업자	24,962천명	-	-	165	97	68
	실업자	774천명	-	-	23	17	6
	비경제 활동인구	16,537천명	-	-	202	158	44
	경제활동 참가율(%)	60.9	-	-	48.2	41.9	62.7
	고용률(%)	59.1	-	-	42.3	35.7	57.6
	실업률(%)	3.0	-	-	12.2	14.9	8.1

구분		일반국민		조사대상 북한 이탈 주민			
		천명	비율	명	전체비율(%)	남성비율 명(%)	여성비율 명(%)
연령 대별 경제 활동 인구	15~29세			28	14.9	10(18.9)	18(14.9)
	15~19세			0	0.0	0(0.0)	0(0.0)
	20~29세			28	14.9	10(18.9)	18(14.9)
	30~39세			59	31.4	15(28.3)	44(31.4)
	40~49세			74	39.4	18(34.0)	56(39.4)
	50~59세			21	11.2	9(17.0)	12(11.2)
	60세 이상			6	3.2	1(1.9)	5(3.2)
	계			188	100.0	53(100.0)	135(100.0)
연령 대별 취업자	15~29세	3,808	15.3	23	13.9	8(17.0)	15(12.7)
	15~19세	242	0.9	0	0.0	0(0.0)	0(0.0)
	20~29세	3,566	14.4	23	13.9	8(17.0)	15(12.7)
	30~39세	5,743	23.6	51	30.9	13(27.7)	38(32.2)
	40~49세	6,668	27.1	66	40.0	16(34.0)	50(42.4)
	50~59세	5,677	22.1	20	12.1	9(19.1)	11(9.3)
	60세 이상	3,066	11.9	5	3.0	1(2.1)	4(3.4)
	계	24,962	100.0	165	100.0	47(100.0)	118(100.0)
교육 정도별 취업자	중졸	-	-	7	4.2	2(4.3)	5(4.2)
	고졸	-	-	110	66.7	29(61.7)	81(68.6)
	대졸	-	-	45	27.3	16(34.0)	29(24.6)
	기타	-	-	3	1.8	0(0.0)	3(2.5)
	계	-	-	165	100.0	47(100.0)	118(100.0)
산업별 취업자	농림, 어업	1,167	4.7	1	0.6	0(0.0)	1(0.8)
	광공업	4,281	17.2	40	24.2	11(23.4)	29(24.5)
	제조업	4,264	17.1	39	23.6	11(23.4)	28(23.7)
	사회간접자본 및 기타 서비스업	19,514	78.2	124	75.1	36(76.6)	88(74.6)
	건설업	1,755	7.0	11	6.7	8(17.0)	3(2.5)
	도소매·숙박음식업	5,799	23.2	34	20.0	5(10.0)	20(24.6)
	전기, 운수, 통신, 금융	3,067	12.3	15	9.1	7(14.9)	8(6.8)
	사업, 개인, 공공 서비스 및 기타	8,894	35.6	64	38.8	16(34.0)	48(41.7)
	계	24,962	100.0	165	100.0	47(100.0)	118(100.0)

구분		일반국민		조사대상 북한 이탈 주민			
		천명	비율	명	전체비율(%)	남성비율 명(%)	여성비율 명(%)
직업별 취업자	전문·기술, 행정관리자	5,432	21.8	12	7.3	-	-
	사무종사자	4,288	17.2	26	15.8	-	-
	서비스·판매종사자	5,707	22.9	32	19.4	-	-
	농림·어업, 숙련종사자	1,096	4.4	1	0.6	-	-
	기능·기계조작·조립·단순노무 종사자	8,439	33.8	94	57.0	-	-
	계	24,962	100.0	165	100.0	-	-
종사상 지위별 취업자	비임금근로자	6,548	26.2	8	4.8	-	-
	자영업주	5,474	21.9	8	4.8	-	-
	무급가족종사자	1,074	4.3	0	0.0	-	-
	임금근로자	18,414	73.8	154	93.3	-	-
	상용근로자	11,938	47.8	71	43.0	-	-
	임시근로자	4,871	19.5	35	21.2	-	-
	일용근로자	1,605	6.4	48	29.1	-	-
	무응답			3	1.8	-	-
	계	24,962	100.0	165	100.0	-	-
취업 시간대별 취업자	일시 휴직자	336	1.4	1	0.6	-	-
	1~17	1,171	4.4	16	9.7	-	-
	18~35	2,344	9.2	19	11.5	-	-
	36시간 이상	21,112	85.0	123	74.6	-	-
	36~53	15,359	60.6	97	58.8	-	-
	54시간 이상	5,753	24.4	26	15.8	-	-
	무응답			6	3.6	-	-
	주당평균 취업시간	44.1(시간)		43.2(시간)		-	-
	계	24,962	100.0	165	100.0	-	-
실업자 구성비 (연령대로 구분)	15~29세	355	45.9	5	21.7	2(33.3)	3(17.6)
	15~19세	44	5.7	0	0.0	0(0.0)	0(0.0)
	20~29세	211	27.3	5	21.7	2(33.3)	3(17.6)
	30~39세	158	20.4	8	34.8	2(33.3)	6(35.3)
	40~49세	119	15.4	8	34.8	2(33.3)	6(35.3)
	50~59세	87	11.2	1	4.3	0(0.0)	1(5.9)
	60세 이상	54	7.0	1	4.3	0(0.0)	1(5.9)
	계	774	100.0	23	100.0	6(100.0)	17(100.0)
연령 대별 실업률	15~29세	355	8.5	5	17.9	-	-
	15~19세	44	15.3	0	0.0	-	-
	20~29세	312	8.0	5	17.9	-	-
	30~39세	158	2.7	8	13.6	-	-
	40~49세	119	1.8	8	10.8	-	-
	50~59세	87	1.5	1	4.8	-	-
	60세 이상	54	1.7	1	16.7	-	-
	전체	774	3.0	23	12.2	-	-
교육 정도별 실업률	중학교 졸업이하	104	2.4	1	9.1	-	-
	고등학교 졸업	366	3.6	15	12.0	-	-
	대학 졸업이상	304	2.8	7	13.5	-	-
	기타	-	-	-	-	-	-
	전체 실업률	774	3.0	23	12.2	-	-

12. 2012년 하반기(12월) 북한이탈주민 경제활동 동향 요약

구분		2012년 12월 조사					
		일반국민			조사대상 북한 이탈 주민		
		전체	수도권	지방	전체	수도권	지방
경제 활동 인구 총괄	15세 이상	41,847천명	-	-	403	279	124
	경제활동인구	25,139천명	-	-	211	142	69
	취업자	24,402천명	-	-	169	107	62
	실업자	737천명	-	-	42	35	7
	비경제 활동인구	16,709천명	-	-	206	134	72
	경제활동 참가율(%)	60.1	-	-	52.4	50.9	55.6
	고용률(%)	58.3	-	-	41.9	38.3	50.0
	실업률(%)	2.9	-	-	19.9	24.6	10.1

구분		일반국민		조사대상 북한 이탈 주민			
		천명	비율	명	전체비율(%)	남성비율 명(%)	여성비율 명(%)
연령대별 경제활동 인구	15~29세			41	19.4	18(29.0)	23(15.4)
	15~19세			2	0.9	0(0.0)	2(1.3)
	20~29세			39	18.5	18(29.0)	21(14.1)
	30~39세			64	30.3	18(29.0)	46(30.9)
	40~49세			79	37.5	20(32.3)	59(39.6)
	50~59세			19	9.0	6(9.7)	13(8.7)
	60세 이상			8	3.8	0(0.0)	8(5.4)
	계			211	100.0	62(100.0)	149(100.0)
연령대별 취업자	15~29세	3,755	15.3	33	19.5	15(27.3)	18(15.8)
	15~19세	235	0.9	1	0.6	0(0.0)	1(0.9)
	20~29세	3,520	14.4	32	18.9	15(27.3)	17(14.9)
	30~39세	5,755	23.6	52	30.8	18(32.7)	34(29.8)
	40~49세	6,610	27.1	64	37.9	16(29.1)	48(42.1)
	50~59세	5,388	22.1	15	8.9	6(10.9)	9(7.9)
	60세 이상	2,894	11.9	5	3.0	0(.0.)	5(4.4)
	계	24,402	100.0	169	100.0	55(100.0)	114(100.0)
교육 정도별 취업자	중졸	-	-	9	5.3	2(3.6)	7(6.2)
	고졸	-	-	110	65.1	34(61.8)	76(66.7)
	대졸	-	-	47	27.8	18(32.8)	29(26.4)
	기타	-	-	3	1.8	1(1.8)	2(1.8)
	계	-	-	169	100.0	55(100.0)	202
산업별 취업자	농림, 어업	1,194	4.9	2	1.2	0(0.0)	2(1.8)
	광공업	4,198	17.2	38	22.5	16(29.1)	22(19.3)
	제조업	4,183	17.1	38	22.5	16(29.1)	22(19.3)
	사회간접자본 및 기타 서비스업	19,011	77.9	129	76.3	39(70.9)	90(78.9)
	건설업	1,750	7.2	7	4.1	5(9.1)	2(1.8)
	도소매·숙박음식업	5,597	22.9	41	24.2	5(9.1)	36(31.6)
	전기, 운수, 통신, 금융	3,000	12.3	27	16.0	16(29.1)	11(9.6)
	사업, 개인, 공공 서비스 및 기타	8,664	35.5	54	32.0	13(23.6)	41(36.0)
	계	24,402	100.0	169	100.0	55(100.0)	114(100.0)

구분		일반국민		조사대상 북한 이탈 주민			
		천명	비율	명	전체비율(%)	남성비율 (명, %)	여성비율 (명, %)
직업별 취업자	전문·기술, 행정관리자	5,221	21.4	29	17.2	-	-
	사무종사자	4,141	17.0	24	14.2	-	-
	서비스·판매종사자	5,627	23.0	45	26.6	-	-
	농림·어업, 숙련종사자	1,124	4.6	2	1.2	-	-
	기능·기계조작·조립·단순노무 종사자	8,290	34.0	69	40.8	-	-
	계	24,402	100.0	169	100.0		
종사상 지위별 취업자	비임금근로자	6,639	27.2	5	3.0		
	자영업주	5,523	22.7	5	3.0		
	무급가족종사자	1,107	4.5	0	0.0		
	임금근로자	17,763	72.8	164	97.0		
	상용근로자	11,282	46.2	67	39.6		
	임시근로자	4,857	20.0	33	19.5		
	일용근로자	1,606	6.6	64	37.9		
	계	24,402	100.0	169	100.0		
취업 시간대별 취업자	일시 휴직자	338	1.4	0	0.0		
	1~17	1,074	4.4	18	10.7		
	18~35	2,253	9.2	32	18.9		
	36시간 이상	20,738	85.0	119	70.4		
	36~53	14,789	60.6	76	45.0		
	54시간 이상	5,949	24.4	43	25.4		
	주당평균 취업시간	44.6(시간)		42.9(시간)			
	계	24,402	100.0	169	100.0		
실업자 구성비 (연령대로 구분)	15~29세	304	41.2	8	19.1	3(42.9)	5(14.3)
	15~19세	30	4.1	1	2.4	0(0.0)	1(2.9)
	20~29세	274	37.2	7	16.7	3(42.9)	4(11.4)
	30~39세	160	21.7	12	28.6	0(0.0)	12(34.3.)
	40~49세	117	15.9	15	35.7	4(57.1)	11(31.4)
	50~59세	100	13.6	4	9.5	0(0.0_	4(11.4)
	60세 이상	55	7.5	3	7.1	0(0.0)	3(8.6)
	계	737	100.0	42	100	7(100.0)	35(100.0)
연령대별 실업률	15~29세	304	7.5	8	17.9	-	-
	15~19세	30	11.2	1	50.0	-	-
	20~29세	274	7.4	7	17.9	-	-
	30~39세	160	2.7	12	18.8	-	-
	40~49세	117	1.7	15	19.0	-	-
	50~59세	100	1.8	4	21.1	-	-
	60세 이상	55	1.9	3	37.5	-	-
	전체	737	2.9	42	19.9	-	-
교육 정도별 실업률	중학교 졸업이하	107	2.3	1	10.0		
	고등학교 졸업	344	3.4	27	19.7		
	대학 졸업이상	286	3.4	12	20.3		
	기타	-	-	2	-		
	전체 실업률	737	3.0	42	19.9	-	-

13. 2011년 하반기(12월) 북한이탈주민 경제활동 동향 요약

구분		2011년 12월 조사					
		일반국민			조사대상 북한 이탈 주민		
		전체	수도권	지방	전체	수도권	지방
경제활동인구 총괄	15세 이상	41,273천명	-	-	394	259	135
	경제활동인구	24,880천명	-	-	188	125	63
	취업자	24,125천명	-	-	162	105	57
	실업자	754천명	-	-	26	20	6
	비경제 활동인구	16,394천명	-	-	206	134	72
	경제활동 참가율(%)	60.3	-	-	47.7	48.3	46.7
	고용률(%)	58.5	-	-	41.1	40.5	42.2
	실업률(%)	3.0	-	-	13.8	16.0	9.5

구분		일반국민		조사대상 북한 이탈 주민			
		천명	비율	명	전체비율(%)	남성비율 명(%)	여성비율 명(%)
연령대별 경제활동인구	15~29세			28	14.9	15(22.7)	13(10.6)
	15~19세			1	0.5	0(0.0)	1(0.8)
	20~29세			27	14.4	15(22.7)	12(9.8)
	30~39세			47	25.0	18(27.3)	29(23.8)
	40~49세			84	44.7	22(33.3)	62(50.8)
	50~59세			22	11.7	8(12.1)	14(11.5)
	60세 이상			7	3.7	3(4.5)	4(3.3)
	계			188	100.0	66(100.0)	122(100.0)
연령대별 취업자	15~29세	3,833	15.9	17	10.5	8(14.8)	9(8.3)
	15~19세	228	0.9	0	0.0	0(0.0)	0(0.0)
	20~29세	3,605	14.9	17	10.5	8(14.8)	9(8.3)
	30~39세	5,796	24.0	42	25.9	16(29.6)	26(24.1)
	40~49세	6,617	27.4	77	47.5	20(37.0)	57(52.8)
	50~59세	5,191	21.5	21	13.0	8(14.8)	13(12.0)
	60세 이상	2,688	10.5	5	3.1	2(3.7)	3(2.8)
	계	24,125	100.0	162	100.0	54(100.0)	108(100.0)
교육정도별 취업자	중졸	-	-	8	4.9	3(5.6)	5(4.6)
	고졸	-	-	96	59.3	28(51.9)	68(63.0)
	대졸	-	-	58	35.8	23(42.6)	35(32.4)
	계	-	-	162	100.0	54(100.0)	108(100.0)
산업별 취업자	농림, 어업	1,206	5.0	1	0.6	0(0.0)	1(0.6)
	광공업	4,086	16.9	39	24.1	16(29.6)	23(21.3)
	제조업	4,071	16.9	39	24.1	16(29.6)	23(21.3)
	사회간접자본 및 기타 서비스업	18,384	78.1	122	75.3	38(70.4)	84(77.7)
	건설업	1,832	7.6	4	2.5	4(7.4)	0(0.0)
	도소매·숙박음식업	5,570	23.1	40	24.7	7(13.0)	33(30.6)
	전기, 운수, 통신, 금융	3,017	12.5	20	12.3	12(22.2)	8(7.4)
	사업, 개인, 공공 서비스 및 기타	8,415	34.9	58	35.8	15(27.8)	43(39.8)
	계	24,125	100.0	162	100.0	54(100.0)	108(100.0)

구분		일반국민		조사대상 북한 이탈 주민			
		천명	비율	명	전체비율(%)	남성비율 (명, %)	여성비율 (명, %)
직업별 취업자	전문·기술, 행정관리자	5,192	21.5	35	21.9	-	-
	사무종사자	4,120	17.1	15	9.4	-	-
	서비스·판매종사자	5,457	22.6	45	28.1	-	-
	농림·어업, 숙련종사자	1,116	4.6	1	0.6	-	-
	기능·기계조작·조립·단순노무 종사자	8,240	34.2	66	40.7	-	-
	계	24,125	100.0	162	100.0		
종사상 지위별 취업자	비임금근로자	6,629	27.5	17	10.5		
	자영업주	5,520	22.9	17	10.5		
	무급가족종사자	1,109	4.6	0	0.0		
	임금근로자	17,496	72.5	145	89.5		
	상용근로자	10,824	44.9	84	51.9		
	임시근로자	4,986	20.7	13	8.0		
	일용근로자	1,686	7.0	48	29.6		
	계	23,684	100.0	162	100.0		
취업 시간대 별 취업자	일시 휴직자	306	1.3	0	0.0		
	1~17	1,032	4.3	3	1.9		
	18~35	2,217	9.2	25	15.4		
	36시간 이상	20,570	85.3	134	82.7		
	36~53	14,327	59.4	85	52.5		
	54시간 이상	6,243	25.9	49	30.2		
	주당평균 취업시간	45.1		47.2			
	계	23,684	100.0	162	100.0		
실업자 구성비 (연령대 로 구분)	15~29세	321	42.6	11	42.3	7(58.3)	4(28.6)
	15~19세	33	4.4	1	3.8	0(0.0)	1(7.1)
	20~29세	289	38.3	10	38.5	7(58.3)	2(21.5)
	30~39세	165	21.9	5	19.2	2(16.7)	3(21.5)
	40~49세	125	16.6	7	26.9	2(16.7)	5(35.7)
	50~59세	94	12.5	1	3.8	0(0.0)	1(7.1)
	60세 이상	49	6.5	2	7.7	1(8.3)	1(7.1)
	계	754	100.0	26	100.0	12(100.0)	14(100.0)
연령 대별 실업률	15~29세	321	7.7	11	37.0	-	-
	15~19세	33	12.6	1	0.0	-	-
	20~29세	289	7.4	10	37.0	-	-
	30~39세	165	2.8	5	10.6	-	-
	40~49세	125	1.9	7	8.3	-	-
	50~59세	94	1.8	1	4.5	-	-
	60세 이상	49	1.8	2	28.6	-	-
	전체	754	3.0	26	13.8	-	-
교육 정도별 실업률	중학교 졸업이하	109	2.3	3	27.3	-	-
	고등학교 졸업	371	3.7	18	15.8	-	-
	대학 졸업이상	274	2.7	5	7.9	-	-
	전체 실업률	754	3.0	26	13.8	-	-

14. 2010년 하반기(12월) 북한이탈주민 경제활동 동향 요약

<table>
<thead>
<tr><th colspan="2" rowspan="2">구분</th><th colspan="6">2010년 하반기(12월) 조사</th></tr>
<tr><th colspan="3">일반국민</th><th colspan="3">조사대상 북한 이탈 주민</th></tr>
</thead>
<tbody>
<tr><td colspan="2"></td><td>전체</td><td>수도권</td><td>지방</td><td>전체</td><td>수도권</td><td>지방</td></tr>
<tr><td rowspan="8">경제
활동
인구
총괄</td><td>15세 이상</td><td>40,803천명</td><td>-</td><td>-</td><td>396</td><td>263</td><td>133</td></tr>
<tr><td>경제활동인구</td><td>24,538천명</td><td>-</td><td>-</td><td>190</td><td>116</td><td>74</td></tr>
<tr><td>취업자</td><td>23,684천명</td><td>-</td><td>-</td><td>171</td><td>104</td><td>12</td></tr>
<tr><td>실업자</td><td>853천명</td><td>-</td><td>-</td><td>19</td><td>12</td><td>7</td></tr>
<tr><td>비경제 활동인구</td><td>16,265천명</td><td>-</td><td>-</td><td>206</td><td>147</td><td>59</td></tr>
<tr><td>경제활동 참가율(%)</td><td>60.1</td><td>-</td><td>-</td><td>48.0</td><td>44.1</td><td>55.6</td></tr>
<tr><td>고용률(%)</td><td>58.0</td><td>-</td><td>-</td><td>43.1</td><td>39.5</td><td>50.4</td></tr>
<tr><td>실업률(%)</td><td>3.5</td><td>-</td><td>-</td><td>10.0</td><td>10.3</td><td>9.5</td></tr>
</tbody>
</table>

<table>
<thead>
<tr><th colspan="2" rowspan="2">구분</th><th colspan="2">일반국민</th><th colspan="4">조사대상 북한 이탈 주민</th></tr>
<tr><th>천명</th><th>비율</th><th>명</th><th>전체비율(%)</th><th>남성비율 명(%)</th><th>여성비율 명(%)</th></tr>
</thead>
<tbody>
<tr><td rowspan="8">연령
대별
경제
활동
인구</td><td>15~29세</td><td></td><td></td><td>33</td><td>17.3</td><td>15(22.1)</td><td>18(14.8)</td></tr>
<tr><td>15~19세</td><td></td><td></td><td>1</td><td>0.5</td><td>1(1.5)</td><td>0(0.0)</td></tr>
<tr><td>20~29세</td><td></td><td></td><td>32</td><td>16.8</td><td>14(20.6)</td><td>18(14.8)</td></tr>
<tr><td>30~39세</td><td></td><td></td><td>68</td><td>35.8</td><td>21(30.9)</td><td>47(38.5)</td></tr>
<tr><td>40~49세</td><td></td><td></td><td>64</td><td>33.7</td><td>23(33.8)</td><td>41(33.6)</td></tr>
<tr><td>50~59세</td><td></td><td></td><td>20</td><td>10.5</td><td>7(10.3)</td><td>13(10.7)</td></tr>
<tr><td>60세 이상</td><td></td><td></td><td>5</td><td>2.6</td><td>2(2.9)</td><td>3(2.5)</td></tr>
<tr><td>계</td><td></td><td></td><td>190</td><td>100.0</td><td>68(100.0)</td><td>122(100.0)</td></tr>
<tr><td rowspan="8">연령
대별
취업자</td><td>15~29세</td><td>3,870</td><td>16.3</td><td>30</td><td>17.6</td><td>14(23.4)</td><td>16(14.4)</td></tr>
<tr><td>15~19세</td><td>215</td><td>0.9</td><td>1</td><td>0.6</td><td>1(1.7)</td><td>0(0.0)</td></tr>
<tr><td>20~29세</td><td>3,655</td><td>15.4</td><td>29</td><td>17.0</td><td>13(21.7)</td><td>16(14.4)</td></tr>
<tr><td>30~39세</td><td>5,842</td><td>24.7</td><td>60</td><td>35.1</td><td>18(30.0)</td><td>42(37.8)</td></tr>
<tr><td>40~49세</td><td>6,572</td><td>27.7</td><td>61</td><td>35.7</td><td>22(36.7)</td><td>39(35.1)</td></tr>
<tr><td>50~59세</td><td>4,857</td><td>20.5</td><td>17</td><td>9.9</td><td>6(10.0)</td><td>11(9.9)</td></tr>
<tr><td>60세 이상</td><td>2,543</td><td>10.7</td><td>3</td><td>1.8</td><td>0(0.0)</td><td>3(2.7)</td></tr>
<tr><td>계</td><td>23,684</td><td>100.0</td><td>171</td><td>100.0</td><td>60(100.0)</td><td>111(100.0)</td></tr>
<tr><td rowspan="4">교육
정도별
취업자</td><td>중졸</td><td>-</td><td>-</td><td>10</td><td>5.9</td><td>7(11.6)</td><td>3(2.7)</td></tr>
<tr><td>고졸</td><td>-</td><td>-</td><td>114</td><td>66.7</td><td>35(58.3)</td><td>79(71.2)</td></tr>
<tr><td>대졸</td><td>-</td><td>-</td><td>47</td><td>27.5</td><td>18(30.0)</td><td>29(26.1)</td></tr>
<tr><td>계</td><td>-</td><td>-</td><td>171</td><td>100.0</td><td>60(100.0)</td><td>111(100.0)</td></tr>
<tr><td rowspan="8">산업별
취업지</td><td>농림, 어업</td><td>1,231</td><td>5.2</td><td>4</td><td>2.3</td><td>1(1.7)</td><td>3(2.7)</td></tr>
<tr><td>광공업</td><td>4,182</td><td>17.7</td><td>49</td><td>28.7</td><td>19(31.7)</td><td>30(27.0)</td></tr>
<tr><td>제조업</td><td>4,156</td><td>17.6</td><td>48</td><td>28.6</td><td>18(30.0)</td><td>30(27.0)</td></tr>
<tr><td>사회간접자본 및 기타 서비스업</td><td>18,272</td><td>77.1</td><td>118</td><td>68.9</td><td>40(66.6)</td><td>78(70.2)</td></tr>
<tr><td>건설업</td><td>1,726</td><td>7.3</td><td>7</td><td>4.1</td><td>7(11.7)</td><td>0(0.0)</td></tr>
<tr><td>도소매·숙박음식업</td><td>5,488</td><td>23.2</td><td>37</td><td>21.6</td><td>8(13.3)</td><td>29(26.1)</td></tr>
<tr><td>전기, 운수, 통신, 금융</td><td>2,871</td><td>12.1</td><td>17</td><td>9.9</td><td>12(20.0)</td><td>5(4.5)</td></tr>
<tr><td>사업, 개인, 공공 서비스 및 기타</td><td>8,186</td><td>34.6</td><td>57</td><td>33.3</td><td>13(22.7)</td><td>44(39.6)</td></tr>
<tr><td></td><td>계</td><td>23,684</td><td>100.0</td><td>171</td><td>100.0</td><td>60(100.0)</td><td>111(100.0)</td></tr>
</tbody>
</table>

구분		일반국민		조사대상 북한 이탈 주민			
		천명	비율	명	전체비율(%)	남성비율(명, %)	여성비율(명, %)
직업별 취업자	전문·기술, 행정관리자	5,188	21.9	24	14.0	-	-
	사무종사자	3,892	16.4	12	7.0	-	-
	서비스·판매종사자	5,294	22.4	53	31.0	-	-
	농림·어업, 숙련종사자	1,133	4.8	4	2.3	-	-
	기능·기계조작·조립·단순노무 종사자	8,177	34.5	78	45.7	-	-
	계	23,684	100.0	171	100.0		
종사상 지위별 취업자	비임금근로자	6,531	27.5	11	6.4		
	자영업주	5,387	22.7	11	6.4		
	무급가족종사자	1,144	4.8	0	0.0		
	임금근로자	17,154	72.4	160	93.6		
	상용근로자	10,347	43.7	86	50.3		
	임시근로자	4,999	21.1	9	5.3		
	일용근로자	1,808	7.6	65	38.0		
	계	23,684	100.0	171	100.0		
취업 시간대별 취업자	일시 휴직자	294	1.2	0	0.0		
	1~17	1,079	4.6	15	8.8		
	18~35	2,198	9.3	26	15.2		
	36시간 이상	19,826	83.7	130	76.0		
	36~53	13,638	57.6	76	44.4		
	54시간 이상	6,476	27.3	54	31.6		
	주당평균 취업시간	45.5			45.6		
	계	23,684	100.0	171	100.0		
실업자 구성비 (연령대로 구분)	15~29세	336	39.4	3	15.8	1(12.5)	2(18.2)
	15~19세	44	5.2	0	0.0	0(0.0)	0(0.0)
	20~29세	292	34.2	3	18.8	1(12.5)	2(18.2)
	30~39세	193	22.6	8	42.1	3(37.5)	5(45.5)
	40~49세	147	17.2	3	15.8	1(12.5)	2(18.2)
	50~59세	121	14.2	3	15.8	1(12.5)	2(18.2)
	60세 이상	56	6.6	2	10.5	2(25.0)	0(0.0)
	계	853	100.0	19	100.0	8(100.0)	11(100.0)
연령대별 실업률	15~29세	336	8.0	3	9.1	-	-
	15~19세	44	17.0	0	0.0		
	20~29세	292	7.4	3	9.4		
	30~39세	193	3.2	8	11.8		
	40~49세	147	2.2	3	4.7		
	50~59세	121	2.4	3	15.0		
	60세 이상	56	2.2	2	40.0		
	전체	853	3.5	19	10.0		
교육 정도별 실업률	중학교 졸업이하	132	2.8	1	9.1		
	고등학교 졸업	424	4.2	12	9.5		
	대학 졸업이상	298	3.1	6	11.3		
	전체 실업률	853	3.5	19	10.0		

15. 2009년 하반기(12월) 북한이탈주민 경제활동 동향 요약

구분		2009년 하반기(12월) 조사					
		일반국민			조사대상 북한 이탈 주민		
		전체	수도권	지방	전체	수도권	지방
경제 활동 인구 총괄	15세 이상	40,316천명	-	-	377	266	111
	경제활동인구	24,063천명	-	-	207	130	77
	취업자	23,229천명	-	-	189	117	72
	실업자	834천명	-	-	18	13	5
	비경제 활동인구	16,253천명	-	-	170	136	34
	경제활동 참가율(%)	61.8	-	-	54.9	48.9	69.4
	고용률(%)	57.6	-	-	50.1	44.0	64.9
	실업률(%)	3.5	-	-	8.7	10.0	6.5

구분		일반국민		조사대상 북한 이탈 주민			
		천명	비율	명	전체비율(%)	남성비율 명(%)	여성비율 명(%)
연령 대별 경제 활동 인구	15~29세			32	15.5	20(26.6)	12(9.1)
	15~19세			1	0.5	1(1.3)	2(0.0)
	20~29세			31	15.0	19(25.3)	12(9.1)
	30~39세			63	30.4	17(22.7)	46(34.8)
	40~49세			82	39.6	31(41.3)	51(38.6)
	50~59세			27	13.0	7(9.3)	20(15.2)
	60세 이상			3	1.4	0(0.0)	3(2.3)
	계			207	100.0	75(100.0)	132(100.0)
연령 대별 취업자	15~29세	3,946	16.9	28	14.8	17(25.4)	11(9.0)
	15~19세	195	0.8	1	0.5	1(1.5)	0(0.0)
	20~29세	3,751	16.1	27	14.3	16(23.9)	11(9.0)
	30~39세	5,827	25.1	60	31.7	17(25.4)	43(35.2)
	40~49세	6,495	28.0	73	38.6	26(38.8)	47(38.5)
	50~59세	4,558	19.6	25	13.2	7(10.4)	18(14.8)
	60세 이상	2,404	10.3	3	1.6	0(0.0)	3(2.5)
	계	23,229	100.0	189	100.0	67(100.0)	122(100.0)
교육 정도별 취업자	중졸	-	-	7	3.7	6(9.0)	1(0.8)
	고졸	-	-	138	73.0	46(68.7)	92(75.4)
	대졸	-	-	44	23.3	15(22.3)	29(23.8)
	계	-	-	189	100.0	67(100.0)	122(100.0)
산업별 취업자	농림, 어업	1,231	5.3	1	0.5	1(1.5)	0(0.0)
	광공업	3,895	16.8	52	27.5	26(38.8)	26(21.3)
	제조업	3,872	16.7	52	27.5	26(38.8)	26(21.3)
	사회간접자본 및 기타 서비스업	18,104	77.9	136	72.0	40(59.7)	96(78.7)
	건설업	1,701	7.3	8	4.2	8(11.9)	0(0.0)
	도소매 숙박음식업	5,567	24.0	60	31.7	14(20.9)	46(37.7)
	전기, 운수, 통신, 금융	2,842	12.2	12	6.3	7(10.4)	5(4.1)
	사업, 개인, 공공 서비스 및 기타	7,994	34.4	56	29.6	11(16.4)	45(36.9)
	계	23,229	100.0	189	100.0	67(100.0)	122(100.0)

구분		일반국민(단위: 천명)		조사대상 북한이탈주민(단위: 명)			
		천명	비율	명	전체비율(%)	남성비율 (명, %)	여성비율 (명, %)
직업별 취업자	전문·기술, 행정관리자	5,057	21.8	13	7.4	-	-
	사무종사자	3,665	15.8	8	4.2	-	-
	서비스·판매종사자	5,513	23.8	50	26.5	-	-
	농림·어업, 숙련종사자	1,148	4.9	1	0.5	-	-
	기능·기계조작·조립·단순노무 종사자	7,847	33.8	116	61.4	-	-
	계	23,229	100.0	189	100.0		
종사상 지위별 취업자	비임금근로자	6,674	28.7	10	5.3		
	자영업주	5,514	23.7	10	5.3		
	무급가족종사자	1,161	5.0	0	0.0		
	임금근로자	16,555	71.3	179	94.7		
	상용근로자	9,632	41.5	111	58.7		
	임시근로자	5,074	21.8	8	4.2		
	일용근로자	1,849	8.0	60	31.7		
	계	23,229	100.0	189	100.0		
취업 시간대별 취업자	일시 휴직자	277	1.2	0	0.0		
	1~17	1061	4.6	14	7.4		
	18~35	2065	8.9	41	21.7		
	36시간 이상	19826	85.3	134	70.9		
	36~53	13187	56.8	64	33.9		
	54시간 이상	6639	28.6	70	37.0		
	주당평균 취업시간	46.0		46.0		-	-
	계	23,229	100.0	189	100.0		
실업자 구성비 (연령대로 구분)	15~29세	324	38.3	4	22.2	1(12.5)	0(0.0)
	15~19세	31	3.7	0	0.0	0(0.0)	0(0.0)
	20~29세	293	35.1	4	22.2	1(12.5)	0(0.0)
	30~39세	203	24.3	3	16.7	5(62.5)	4(44.4)
	40~49세	152	18.2	9	50.0	2(25.0)	3(33.3)
	50~59세	110	13.2	2	11.1	0(0.0)	2(22.2)
	60세 이상	46	5.5	0	0.0	0(0.0)	0(0.0)
	계	834	100.0	18	100.0	8(100.0)	9(100.0)
연령대별 실업률	15~29세	324	7.6	4	12.5	-	-
	15~19세	31	13.6	0	0.0	-	-
	20~29세	293	7.3	4	12.9	-	-
	30~39세	203	3.4	3	4.8	-	-
	40~49세	152	2.3	9	11.0	-	-
	50~59세	110	2.4	2	7.4	-	-
	60세 이상	46	1.9	0	0.0	-	-
	전체	834	3.5	18	8.7	-	-
교육 정도별 실업률	중학교 졸업이하	137	2.9	0	0.0	-	-
	고등학교 졸업	403	4.1	9	6.1	-	-
	대학 졸업이상	295	3.1	9	17.0	-	-
	전체 실업률	834	3.5	18	8.7	-	-

16. 2008년 하반기(11월) 북한이탈주민 경제활동 동향 요약

구분		2008년 하반기(11월) 조사					
		일반국민			조사대상 북한 이탈 주민		
		전체	수도권	지방	전체	수도권	지방
경제 활동 인구 총괄	15세 이상	39,767천명	-	-	361명	236명	125명
	경제활동인구	24,566천명	-	-	179명	108명	71명
	취업자	23,816천명	-	-	162명	92명	70명
	실업자	750천명	-	-	17명	16명	1명
	비경제 활동인구	15,201천명	-	-	182명	128명	54명
	경제활동 참가율(%)	61.8	-	-	49.6	45.8	56.8
	고용률(%)	59.9	-	-	44.9	39.0	56.0
	실업률(%)	3.1	-	-	9.5	14.8	1.4
구분		일반국민			조사대상 북한 이탈 주민		
		천명	비율	명	전체비율(%)	남성비율(명, %)	여성비율(명, %)
연령대별 경제활동인구	15~29세	4,291	17.5	33	18.4	18(24.4)	15(14.3)
	15~19세	149	0.6	1	0.6	1(1.4)	0(0.0)
	20~29세	4,142	16.9	32	17.9	17(23.0)	15(14.3)
	30~39세	6,209	25.3	69	38.5	25(33.8)	44(41.9)
	40~49세	6,752	27.5	59	33.0	24(32.4)	35(33.3)
	50~59세	4,526	18.4	12	6.7	6(8.1)	6(5.7)
	60세 이상	2,789	11.4	6	3.4	1(1.4)	5(4.8)
	계	24,566	100.0	179	100.0	74(100.0)	105(100.0)
연령대별 취업자	15~29세	4,000	16.8	32	19.8	17(25.7)	15(15.6)
	15~19세	131	0.6	1	0.6	1(1.5)	0(0.0)
	20~29세	3,868	16.2	31	19.1	16(24.2)	15(15.6)
	30~39세	5,999	25.2	60	37.0	20(30.3)	40(41.7)
	40~49세	6,622	27.8	54	33.3	22(33.3)	32(33.3)
	50~59세	4,437	18.6	10	6.2	6(9.1)	4(4.2)
	60세 이상	2,759	11.6	6	3.7	1(1.5)	5(5.2)
	계	23,816	100.0	162	100.0	66(100.0)	96(100.0)
교육 정도별 취업자	중졸	-	-	6	3.7	3(4.5)	3(3.1)
	고졸	-	-	111	68.5	46(69.7)	65(67.7)
	대졸	-	-	45	27.7	17(25.8)	28(29.2)
	계	-	-	162	100.0	66(100.0)	96(100.0)
산업별 취업자	농림, 어업	1,819	7.6	1	0.6	1(1.5)	0(0.0)
	광공업	4,059	17.0	49	30.2	21(31.8)	28(29.2)
	제조업	4,036	16.9	49	30.2	21(31.8)	28(29.2)
	사회간접자본 및 기타 서비스업	17,938	75.3	112	69.1	44(66.7)	68(70.8)
	건설업	1,845	7.7	19	11.7	17(25.8)	2(2.1)
	노소매·숙박음식업	5,643	23.7	49	30.2	14(21.2)	35(30.5)
	전기. 운수, 통신, 금융	2,389	10.0	7	4.3	4(6.1)	3(3.1)
	사업, 개인, 공공 서비스 및 기타	8,061	33.8	37	22.8	9(13.6)	28(29.2)
	계	23,816	100.0	162	100.0	66(100.0)	96(100.0)

구분		일반국민		조사대상 북한 이탈 주민			
		천명	비율	명	전체비율(%)	남성비율 (명, %)	여성비율 (명, %)
직업별 취업자	전문·기술, 행정관리자	5,321	22.3	13	8.0	-	-
	사무종사자	3,526	14.8	12	7.4	-	-
	서비스·판매종사자	5,562	23.4	38	23.5	-	-
	농림·어업, 숙련종사자	1,656	7.0	1	0.6	-	-
	기능·기계조작·조립·단순노무 종사자	7,751	32.5	98	60.5	-	-
	계	23,816	100.0	162	100.0		
종사상 지위별 취업자	비임금근로자	7,440	31.2	12	7.4	-	-
	자영업주	6,003	25.2	11	6.8	-	-
	무급가족종사자	1,437	6.0	1	0.6	-	-
	임금근로자	16,377	68.8	150	92.6	-	-
	상용근로자	9,111	38.3	76	46.9	-	-
	임시근로자	5,071	21.3	5	3.1	-	-
	일용근로자	2,195	9.2	69	42.6	-	-
	계	23,816	100.0	162	100.0		
취업 시간대별 취업자	일시 휴직자	218	0.9	0	0	-	-
	1~17	745	3.1	13	8.0	-	-
	18~35	2,013	8.5	22	13.6	-	-
	36시간 이상	20,841	87.5	127	78.4	-	-
	36~53	14,001	58.8	62	38.3	-	-
	54시간 이상	6,841	28.7	65	40.1	-	-
	주당평균 취업시간	46.5	0.2	46.96		-	-
	계	23,816	100.0	162	100.0	-	-
실업자 구성비 (연령대로 구분)	15~29세	291	38.8	1	5.9	1(12.5)	0(0.0)
	15~19세	18	2.4	0	0.0	0(0.0)	0(0.0)
	20~29세	274	36.5	1	5.9	1(12.5)	0(0.0)
	30~39세	210	28.0	9	52.9	5(62.5)	4(44.4)
	40~49세	130	17.3	5	29.4	2(25.0)	3(33.3)
	50~59세	89	11.9	2	11.8	0(0.0)	2(22.2)
	60세 이상	30	4.0	0	0.0	0(0.0)	0(0.0)
	계	750	100.0	17	100.0	8(100.0)	9(100.0)
연령대별 실업률	15~29세	291	6.8	1	3.1	-	-
	15~19세	18	11.8	0	0	-	-
	20~29세	274	6.6	1	3.1	-	-
	30~39세	210	3.4	9	13	-	-
	40~49세	130	1.9	5	8.5	-	-
	50~59세	89	2	2	16.7	-	-
	60세 이상	30	1.1	0	0	-	-
	전체	750	3.1	17	9.5	-	-
교육 정도별 실업률	중학교 졸업이하	111	2	0	0.0	-	-
	고등학교 졸업	371	3.7	14	82.4	-	-
	대학 졸업이상	268	3	3	17.6	-	-
	전체 실업률	750	3.1	17	100.0	-	-

17. 2007년 하반기(11~12월) 북한이탈주민 경제활동 동향 요약

구분		2007년 하반기(11~12월) 조사					
		일반국민			조사대상 북한 이탈 주민		
		전체	수도권	지방	전체	수도권	지방
경제 활동 인구 총괄	15세 이상	39,316천명	-	-	401명	255명	146명
	경제활동인구	24,471천명	-	-	192명	114명	78명
	취업자	23,739천명	-	-	148명	84명	64명
	실업자	733천명	-	-	44명	30명	14명
	비경제 활동인구	14,845천명	-	-	209명	141명	68명
	경제활동 참가율(%)	62.2	-	-	47.9	44.7	53.4
	고용률(%)	60.4	-	-	36.9	32.9	43.8
	실업률(%)	3.0	-	-	22.9	26.3	17.9

구분		일반국민		조사대상 북한 이탈 주민			
		천명	비율	명	전체비율(%)	남성비율 (명, %)	여성비율 (명, %)
연령 대별 경제 활동 인구	15~29세	4,502	18.4	46	24.0	16(22.2)	30(25.0)
	15~19세	196	0.8	2	1.0	0(0.0)	2(1.7)
	20~29세	4,306	17.6	44	22.9	16(22.2)	28(23.3)
	30~39세	6,309	25.8	82	42.7	29(40.3)	53(44.2)
	40~49세	6,674	27.3	47	24.5	17(23.6)	30(25.0)
	50~59세	4,284	17.5	14	7.3	8(11.1)	6(5.0)
	60세 이상	2,703	11.0	3	1.6	2(2.8)	1(0.8)
	계	24,471	100.0	192	100.0	72(100)	120(100)
연령 대별 취업자	15~29세	4,180	17.7	32	21.6	12(21.4)	20(21.7)
	15~19세	179	0.8	2	1.4	0(0.0)	0(0.0)
	20~29세	4,001	16.9	30	20.3	12(21.4)	18(19.6)
	30~39세	6,131	25.8	68	45.9	25(44.6)	43(46.7)
	40~49세	6,548	27.6	33	22.3	10(17.9)	23(25.0)
	50~59세	4,211	17.7	12	8.1	7(12.5)	5(5.4)
	60세 이상	2,670	11.2	3	2.0	2(3.6)	1(1.1)
	계	23,739	100.0	148	100.0	56(100)	92(100)
교육 정도별 취업자	중졸	-	-	6	4.1	-	-
	고졸	-	-	102	68.9	-	-
	대졸	-	-	40	27.0	-	-
	계	-	-	148	100.0	-	-
산업별 취업자	농림, 어업	1,772	7.5	2	1.5	-	-
	광공업	4,111	17.3	40	30.6	-	-
	제조업	4,092	17.2	39	29.8	-	-
	사회간접자본 및 기타 서비스업	17,856	75.2	114	72.6	-	-
	건설업	1,875	7.9	7	5.3	-	-
	도소매·숙박음식업	5,722	24.1	31	23.7	-	-
	전기, 운수, 통신, 금융	2,436	10.3	10	7.6	-	-
	사업, 개인, 공공 서비스 및 기타	7,824	33.0	41	31.3	-	-
	계	23,739	100	131	100		

구분		일반국민		북한 이탈 주민			
		천명	비율	명	전체비율(%)	남성비율 (명, %)	여성비율 (명, %)
직업별 취업자	전문·기술, 행정관리자	5,299	22.3	13	10.1	-	-
	사무종사자	3,355	14.1	9	7.0	-	-
	서비스·판매종사자	5,603	23.6	39	30.4	-	-
	농림·어업, 숙련종사자	1,636	6.9	1	0.8	-	-
	기능·기계조작·조립·단순노무 종사자	7,846	33.1	66	51.5	-	-
	계	23,739	100	128	100	-	-
종사상 지위별 취업자	비임금근로자	7,521	31.7	5	3.8	-	-
	자영업주	6,086	25.6	5	3.8	-	-
	무급가족종사자	1,435	6.0	0	0.0	-	-
	임금근로자	16,218	68.3	126	96.3	-	-
	상용근로자	8,793	37.0	42	32.1	-	-
	임시근로자	5,174	21.8	12	9.2	-	-
	일용근로자	2,251	9.5	72	55.0	-	-
	계	23,739	100	131	100	-	-
취업 시간대별 취업자	일시 휴직자	221	0.9	0	0.0	-	-
	1~17	750	3.2	9	6.9	-	-
	18~35	1,761	7.4	10	7.6	-	-
	36시간 이상	21,007	88.5	112	85.5	-	-
	36~53	13,020	54.8	30	22.9	-	-
	54시간 이상	7,988	33.6	82	62.6	-	-
	주당평균 취업시간	-	48.0시간	-	49.2시간	-	-
	계	23,739	100	131	100	-	-
실업자 구성비 (연령대로 구분)	15~29세	321	43.8	14	31.8	4(25.0)	10(35.7)
	15~19세	17	2.3	0	0.0	0(0.0)	0(0.0)
	20~29세	305	41.6	14	31.8	4(25.0)	10(35.7)
	30~39세	178	24.3	14	31.8	4(25.0)	10(35.7)
	40~49세	127	17.3	14	31.8	7(43.8)	7(25.0)
	50~59세	73	10.0	2	4.5	1(6.3)	1(3.6)
	60세 이상	34	4.6	0	0.0	0(0.0)	0(0.0)
	계	733	100	44	100	16(100.0)	28(100.0)
연령 대별 실업률	15~29세	321	7.1	14	30.4	-	-
	15~19세	17	8.6	0	0.0	-	-
	20~29세	305	7.1	14	31.8	-	-
	30~39세	178	2.8	14	17.1	-	-
	40~49세	127	1.9	14	29.8	-	-
	50~59세	73	1.7	2	14.3	-	-
	60세 이상	34	1.2	0	0.0	-	-
	전체	733	3.0	44	22.9	-	-
교육 정도별 실업률	중학교 졸업이하	106	1.9	2	28.6	-	-
	고등학교 졸업	366	3.6	28	21.5	-	-
	대학 졸업이상	261	3.0	14	25.9	-	-
	전체 실업률	733	3.0	44	22.9	-	-

18. 2006년 12월 북한이탈주민 경제활동 동향 요약

<table>
<thead>
<tr><th colspan="2" rowspan="2">구분</th><th colspan="6">2006년 12월 조사</th></tr>
<tr><th colspan="3">일반국민</th><th colspan="3">조사대상 북한이탈주민</th></tr>
</thead>
<tbody>
<tr><td colspan="2"></td><td>전체</td><td>수도권</td><td>지방</td><td>전체</td><td>수도권</td><td>지방</td></tr>
<tr><td rowspan="7">경제
활동
인구
총괄</td><td>15세 이상</td><td>38,905천명</td><td>-</td><td>-</td><td>400명</td><td>285명</td><td>115명</td></tr>
<tr><td>경제활동인구</td><td>23,773천명</td><td>-</td><td>-</td><td>197명</td><td>143명</td><td>54명</td></tr>
<tr><td>취업자</td><td>22,989천명</td><td>-</td><td>-</td><td>164명</td><td>117명</td><td>47명</td></tr>
<tr><td>실업자</td><td>784천명</td><td>-</td><td>-</td><td>33명</td><td>26명</td><td>7명</td></tr>
<tr><td>비경제 활동인구</td><td>15,132천명</td><td>-</td><td>-</td><td>76명</td><td>203명</td><td>142명</td></tr>
<tr><td>경제활동 참가율(%)</td><td>61.1</td><td>-</td><td>-</td><td>49.3</td><td>50.2</td><td>47.0</td></tr>
<tr><td>고용률(%)</td><td>59.1</td><td>-</td><td>-</td><td>41.0</td><td>41.1</td><td>40.9</td></tr>
<tr><td></td><td>실업률(%)</td><td>3.3</td><td>-</td><td>-</td><td>16.8</td><td>18.1</td><td>13.0</td></tr>
<tr><td colspan="2" rowspan="2">구분</td><td colspan="3">일반국민</td><td colspan="3">조사대상 북한 이탈 주민</td></tr>
<tr><td>천명</td><td>비율</td><td>명</td><td>전체비율(%)</td><td>남성비율
(명, %)</td><td>여성비율
(명, %)</td></tr>
<tr><td rowspan="8">연령
대별
경제
활동
인구</td><td>15~29세</td><td>4,597</td><td>19.4</td><td>49</td><td>24.9</td><td>23(28.8)</td><td>26(22.2)</td></tr>
<tr><td>15~19세</td><td>232</td><td>1.0</td><td>0</td><td>0.0</td><td>0(0.0)</td><td>0(0.0)</td></tr>
<tr><td>20~29세</td><td>4,365</td><td>18.4</td><td>49</td><td>24.9</td><td>23(28.8)</td><td>26(22.2)</td></tr>
<tr><td>30~39세</td><td>6,271</td><td>26.4</td><td>78</td><td>39.6</td><td>23(28.8)</td><td>55(47.0)</td></tr>
<tr><td>40~49세</td><td>6,547</td><td>27.5</td><td>48</td><td>24.4</td><td>26(32.5)</td><td>22(18.8)</td></tr>
<tr><td>50~59세</td><td>3,952</td><td>16.6</td><td>12</td><td>6.1</td><td>6(7.5)</td><td>6(5.1)</td></tr>
<tr><td>60세 이상</td><td>2,407</td><td>10.1</td><td>10</td><td>5.1</td><td>2(2.5)</td><td>8(6.8)</td></tr>
<tr><td>계</td><td>23,773</td><td>100.0</td><td>197</td><td>100</td><td>80(100)</td><td>117(100)</td></tr>
<tr><td rowspan="8">연령
대별
취업자</td><td>15~29세</td><td>4,235</td><td>18.5</td><td>40</td><td>24.4</td><td>16(24.2)</td><td>24(24.5)</td></tr>
<tr><td>15~19세</td><td>196</td><td>0.9</td><td>0</td><td>0.0</td><td>0(0.0)</td><td>0(0.0)</td></tr>
<tr><td>20~29세</td><td>4,039</td><td>17.6</td><td>40</td><td>24.4</td><td>16(24.2)</td><td>24(24.5)</td></tr>
<tr><td>30~39세</td><td>6,100</td><td>26.5</td><td>64</td><td>39.0</td><td>20(30.3)</td><td>44(44.9)</td></tr>
<tr><td>40~49세</td><td>6,413</td><td>27.9</td><td>43</td><td>26.2</td><td>24(36.4)</td><td>19(19.4)</td></tr>
<tr><td>50~59세</td><td>3,862</td><td>16.8</td><td>11</td><td>6.7</td><td>5(7.6)</td><td>6(6.1)</td></tr>
<tr><td>60세 이상</td><td>2,380</td><td>10.4</td><td>6</td><td>3.7</td><td>1(1.5)</td><td>5(5.1)</td></tr>
<tr><td>계</td><td>22,989</td><td>100.0</td><td>164</td><td>100</td><td>66(100)</td><td>98(100)</td></tr>
<tr><td rowspan="4">교육
정도별
취업자</td><td>중졸</td><td>-</td><td>-</td><td>2</td><td>1.8</td><td>-</td><td>-</td></tr>
<tr><td>고졸</td><td>-</td><td>-</td><td>112</td><td>67.9</td><td>-</td><td>-</td></tr>
<tr><td>대졸</td><td>-</td><td>-</td><td>50</td><td>30.3</td><td>-</td><td>-</td></tr>
<tr><td>계</td><td>-</td><td>-</td><td>164</td><td>100</td><td>-</td><td>-</td></tr>
<tr><td rowspan="8">산업별
취업자</td><td>농림, 어업</td><td>1,469</td><td>6.4</td><td>1</td><td>0.6</td><td>-</td><td>-</td></tr>
<tr><td>광공업</td><td>4,172</td><td>18.1</td><td>42</td><td>26.8</td><td>-</td><td>-</td></tr>
<tr><td>제조업</td><td>4,153</td><td>18.1</td><td>42</td><td>26.8</td><td>-</td><td>-</td></tr>
<tr><td>사회간접자본 및 기타 서비스업</td><td>17,348</td><td>75.5</td><td>114</td><td>72.6</td><td>-</td><td>-</td></tr>
<tr><td>건설업</td><td>1,813</td><td>7.9</td><td>16</td><td>10.2</td><td>-</td><td>-</td></tr>
<tr><td>도소매·숙박음식업</td><td>5,774</td><td>25.1</td><td>42</td><td>26.8</td><td>-</td><td>-</td></tr>
<tr><td>전기, 운수, 통신, 금융</td><td>2,390</td><td>10.4</td><td>11</td><td>7.0</td><td>-</td><td>-</td></tr>
<tr><td>사업, 개인, 공공 서비스 및 기타</td><td>7,371</td><td>32.1</td><td>45</td><td>28.7</td><td>-</td><td>-</td></tr>
<tr><td></td><td>계</td><td>22,989</td><td>100</td><td>157</td><td>100</td><td></td><td></td></tr>
</tbody>
</table>

구분		일반국민		북한 이탈 주민			
		천명	비율	명	전체비율(%)	남성비율 (명, %)	여성비율 (명, %)
직업별 취업자	전문·기술, 행정관리자	5,018	21.8	13	8.5	–	–
	사무종사자	3,304	14.4	7	4.5	–	–
	서비스·판매종사자	5,640	24.5	56	36.6	–	–
	농림·어업, 숙련종사자	1,383	6.0	0	0.0	–	–
	기능·기계조작·조립·단순노무종사자	7,644	33.3	77	50.3	–	–
	계	22,989	100	153	100	–	–
종사상 지위별 취업자	비임금근로자	7,267	31.6	6	3.8	–	–
	자영업주	5,967	26.0	6	3.8	–	–
	무급가족종사자	1,300	5.7	0	0.0	–	–
	임금근로자	15,722	68.4	151	96.2	–	–
	상용근로자	8,343	36.3	31	19.7	–	–
	임시근로자	5,234	22.8	30	19.1	–	–
	일용근로자	2,144	9.3	90	57.3	–	–
	계	22,989	100	157	100	–	–
취업 시간대별 취업자	일시 휴직자	270	1.2	3	1.2	–	–
	1~17	887	3.9	30	11.5	–	–
	18~35	1,934	8.4	21	8.1	–	–
	36시간 이상	19,898	86.6	103	39.6	–	–
	36~44	5,980	26.0	20	7.7	–	–
	45~53	5,920	25.8	28	10.8	–	–
	54시간 이상	7,998	34.8	55	21.2	–	–
	주당평균 취업시간	–	47.8시간	–	43.5시간	–	–
	계	22,989	100	260	100	–	–
실업자 구성비 (연령대로 구분)	15~29세	362	46.2	9	27.3	3(25.0)	6(28.6)
	15~19세	36	4.6	0	0.0	0(0.0)	0(0.0)
	20~29세	326	41.5	9	27.3	3(25.0)	6(28.6)
	30~39세	171	21.8	14	42.4	5(41.7)	9(42.9)
	40~49세	134	17.1	4	12.1	2(16.7)	2(9.5)
	50~59세	90	11.5	2	6.1	1(8.3)	1(4.8)
	60세 이상	27	3.4	4	12.1	1(8.3)	3(14.3)
	계	784	100	33	100	12(00)	21(100)
연령대별 실업률	15~29세	362	7.9	9	18.4	–	–
	15~19세	36	15.5	0	N/A	–	–
	20~29세	326	7.5	9	18.4	–	–
	30~39세	171	2.7	14	17.9	–	–
	40~49세	134	2.1	4	10.4	–	–
	50~59세	90	2.3	2	8.3	–	–
	60세 이상	27	1.1	4	40.0	–	–
	전체	784	3.3	33	16.8	–	–
교육 정도별 실업률	중학교 졸업이하	128	2.4	0	0.0	–	–
	고등학교 졸업	410	4.0	25	18.2	–	–
	대학 졸업이상	246	3.0	9	15.3	–	–
	전체 실업률	784	3.3	33	16.8	–	–

19. 2006년 6월 북한이탈주민 경제활동 동향 요약

구분		2006년 6월 조사					
		일반국민			조사대상 북한이탈주민		
		전체	수도권	지방	전체	수도권	지방
경제활동인구 총괄	15세 이상	38,776천명	-	-	265명	122명	143명
	경제활동인구	24,320천명	-	-	116명	49명	67명
	취업자	23,501천명	-	-	90명	38명	52명
	실업자	819천명	-	-	26명	11명	15명
	비경제 활동인구	14,455천명	-	-	149명	73명	76명
	경제활동 참가율(%)	62.7	-	-	45.3	40.2	46.9
	고용률(%)	60.6	-	-	34.0	31.1	36.3
	실업률(%)	3.4	-	-	22.41	22.44	22.38

구분		일반국민		조사대상 북한 이탈 주민			
		천명	비율	명	전체비율(%)	남성비율(명, %)	여성비율(명, %)
연령대별 경제활동인구	15~29세	4,258	19.1	31	26.7	17(29.8)	14(23.7)
	15~19세	233	1.0	3	2.6	2(3.5)	1(1.7)
	20~29세	4,394	18.1	28	24.1	15(26.3)	13(22.0)
	30~39세	6,364	26.2	40	34.5	16(28.1)	24(40.7)
	40~49세	6,610	27.2	28	24.1	14(24.6)	14(23.7)
	50~59세	4,022	16.5	10	8.6	6(10.5)	4(6.8)
	60세 이상	2,698	11.1	7	6.0	4(7.0)	3(5.1)
	계	24,320	100.0	116	100	57(100)	59(100)
연령대별 취업자	15~29세	4,258	18.1	22	24.4	12(27.9)	10(21.3)
	15~19세	202	0.9	3	3.3	2(4.7)	1(2.1)
	20~29세	4,056	17.3	19	21.1	10(23.3)	9(19.1)
	30~39세	6,183	26.3	33	36.7	14(32.6)	19(40.4)
	40~49세	6,457	27.5	23	25.6	11(25.6)	12(25.5)
	50~59세	3,947	16.8	7	7.8	3(7.0)	4(8.5)
	60세 이상	2,657	11.3	5	5.6	3(7.0)	2(4.3)
	계	23,501	100.0	90	100	43(100)	47(100)
교육정도별 취업자	중졸	-	-	0	0.0	-	-
	고졸	-	-	61	67.8	-	-
	대졸	-	-	29	32.2	-	-
	계	-	-	90	100		
산업별 취업자	농림, 어업	2,007	8.5	1	1.3	-	-
	광공업	4,201	17.9	25	32.5	-	-
	제조업	4,184	17.8	25	32.5	-	-
	사회간접자본 및 기타 서비스업	17,294	73.6	51	66.2	-	-
	건설업	1,916	8.2	7	9.1	-	-
	도소매·숙박음식업	5,773	24.6	16	20.8	-	-
	전기, 운수, 통신, 금융	2,325	9.9	7	9.1	-	-
	사업, 개인, 공공 서비스 및 기타	7,280	31.0	21	27.3	-	-
	계	23,501	100	77	100		

구분		일반국민		북한 이탈 주민			
		천명	비율	명	전체비율(%)	남성비율 (명, %)	여성비율 (명, %)
직업별 취업자	전문·기술, 행정관리자	5,010	21.3	1	1.3	–	–
	사무종사자	3,267	13.9	2	2.6	–	–
	서비스·판매종사자	5,628	23.9	27	35.1	–	–
	농림·어업, 숙련종사자	1,865	7.9	0	0.0	–	–
	기능·기계조작·조립·단순노무종사자	7,731	32.9	47	61.0	–	–
	계	23,501	100	77	100		
종사상 지위별 취업자	비임금근로자	7,785	33.1	5	6.8	–	–
	자영업주	6,242	26.6	5	6.8	–	–
	무급가족종사자	1,543	6.6	0	0.0	–	–
	임금근로자	15,716	66.9	68	93.2	–	–
	상용근로자	8,131	34.6	26	35.6	–	–
	임시근로자	5,246	22.3	11	15.1	–	–
	일용근로자	2,339	10.0	31	42.5	–	–
	계	23,501	100	73	100		
취업 시간대별 취업자	일시 휴직자	228	1.0	10	11.1	–	–
	1~17	723	3.1	6	6.7	–	–
	18~35	1,690	7.2	13	14.4	–	–
	36시간 이상	20,860	88.8	61	67.8	–	–
	36~44	5,987	25.5	16	17.8	–	–
	45~53	6,366	27.1	14	15.6	–	–
	54시간 이상	8,507	36.2	31	34.4	–	–
	주당평균 취업시간	–	48.8시간	–	46.9시간	–	–
	계	23,501	100	90	100	–	–
실업자 구성비 (연령대로 구분)	15~29세	369	45.1	9	34.6	5(35.7)	4(33.3)
	15~19세	31	3.8	0	0.0	0(0.0)	0(0.0)
	20~29세	338	41.3	9	34.6	5(35.7)	4(33.3)
	30~39세	181	22.1	7	26.9	2(14.3)	5(41.7)
	40~49세	153	18.7	5	19.2	3(21.4)	2(16.7)
	50~59세	75	9.2	3	11.5	3(21.4)	0(0.0)
	60세 이상	41	5.0	2	7.7	1(7.1)	1(8.3)
	계	819	100	26	100	14(100)	12(100)
연령대별 실업률	15~29세	369	8.0	9	29.0	–	–
	15~19세	31	13.4	0	N/A	–	–
	20~29세	338	7.7	9	32.1	–	–
	30~39세	181	2.9	7	17.5	–	–
	40~49세	153	2.3	5	17.9	–	–
	50~59세	75	1.9	3	30.0	–	–
	60세 이상	41	1.5	2	28.6	–	–
	전체 실업률	819	3.4	26	22.4		
교육 정도별 실업률	중학교 졸업이하	131	2.2	0	N/A	–	–
	고등학교 졸업	410	4.0	16	20.8	–	–
	대학 졸업이상	279	3.4	9	23.7	–	–
	전체 실업률	827	3.4	25	22.4		

20. 2005년 12월 북한이탈주민 경제활동 동향 요약

<table>
<tr><th colspan="2" rowspan="2">구분</th><th colspan="6">2005년 12월 조사</th></tr>
<tr><th colspan="3">일반국민</th><th colspan="3">조사대상 북한이탈주민</th></tr>
<tr><td colspan="2"></td><td>전체</td><td>수도권</td><td>지방</td><td>전체</td><td>수도권</td><td>지방</td></tr>
<tr><td rowspan="8">경제
활동
인구
총괄</td><td>15세 이상</td><td>38,503천명</td><td>18,652천명</td><td>19,852천명</td><td>341명</td><td>205명</td><td>136명</td></tr>
<tr><td>경제활동인구</td><td>23,526천명</td><td>11,637천명</td><td>11,890천명</td><td>196명</td><td>117명</td><td>79명</td></tr>
<tr><td>취업자</td><td>22,699천명</td><td>11,153천명</td><td>11,546천명</td><td>143명</td><td>94명</td><td>49명</td></tr>
<tr><td>실업자</td><td>827천명</td><td>485천명</td><td>341천명</td><td>53명</td><td>23명</td><td>30명</td></tr>
<tr><td>비경제 활동인구</td><td>14,977천명</td><td>7,014천명</td><td>7,962천명</td><td>145명</td><td>88명</td><td>57명</td></tr>
<tr><td>경제활동 참가율(%)</td><td>61.1</td><td>62.4</td><td>59.9</td><td>57.5</td><td>57.1</td><td>58.1</td></tr>
<tr><td>고용률(%)</td><td>59.0</td><td>59.8</td><td>58.2</td><td>41.9</td><td>45.9</td><td>36.0</td></tr>
<tr><td>실업률(%)</td><td>3.5</td><td>4.2</td><td>2.9</td><td>27.0</td><td>19.7</td><td>38.0</td></tr>
<tr><th colspan="2" rowspan="2">구분</th><th colspan="2">일반국민</th><th colspan="4">조사대상 북한 이탈 주민</th></tr>
<tr><th></th><th></th><th></th><th></th><th></th><th></th></tr>
<tr><td colspan="2"></td><td>천명</td><td>비율</td><td>명</td><td>전체비율(%)</td><td>남성비율
(명, %)</td><td>여성비율
(명, %)</td></tr>
<tr><td rowspan="8">연령
대별
경제
활동
인구</td><td>15~29세</td><td>4,730</td><td>20.1</td><td>57</td><td>29.1</td><td>33(33.3)</td><td>24(24.7)</td></tr>
<tr><td>15~19세</td><td>266</td><td>1.1</td><td>14</td><td>7.1</td><td>9(9.1)</td><td>5(5.2)</td></tr>
<tr><td>20~29세</td><td>4,464</td><td>19</td><td>43</td><td>21.9</td><td>24(24.2)</td><td>19(19.6)</td></tr>
<tr><td>30~39세</td><td>6,359</td><td>27</td><td>63</td><td>32.1</td><td>26(26.3)</td><td>37(38.1)</td></tr>
<tr><td>40~49세</td><td>6,469</td><td>27.5</td><td>47</td><td>24.0</td><td>23(23.2)</td><td>24(24.7)</td></tr>
<tr><td>50~59세</td><td>3,731</td><td>15.9</td><td>20</td><td>10.2</td><td>13(13.1)</td><td>7(7.2)</td></tr>
<tr><td>60세 이상</td><td>2,237</td><td>9.5</td><td>9</td><td>4.6</td><td>4(4.0)</td><td>5(5.6)</td></tr>
<tr><td>계</td><td>23,526</td><td>100</td><td>196</td><td>100</td><td>99(50.5)</td><td>97(49.5)</td></tr>
<tr><td rowspan="8">연령
대별
취업자</td><td>15~29세</td><td>4,354</td><td>19.2</td><td>37</td><td>25.9</td><td>22(28.0)</td><td>15(20.8)</td></tr>
<tr><td>15~19세</td><td>226</td><td>1.0</td><td>8</td><td>5.6</td><td>5(7.0)</td><td>3(4.2)</td></tr>
<tr><td>20~29세</td><td>4,128</td><td>18.2</td><td>29</td><td>20.3</td><td>17(23.9)</td><td>12(16.7)</td></tr>
<tr><td>30~39세</td><td>6,159</td><td>27.1</td><td>47</td><td>32.9</td><td>20(28.2)</td><td>27(37.5)</td></tr>
<tr><td>40~49세</td><td>6,328</td><td>27.9</td><td>39</td><td>27.3</td><td>19(26.8)</td><td>20(27.8)</td></tr>
<tr><td>50~59세</td><td>3,646</td><td>16.1</td><td>14</td><td>9.8</td><td>8(11.3)</td><td>6(8.3)</td></tr>
<tr><td>60세 이상</td><td>2,212</td><td>9.7</td><td>6</td><td>2.8</td><td>2(2.8)</td><td>4(5.6)</td></tr>
<tr><td>계</td><td>22,699</td><td>100</td><td>143</td><td>100</td><td>71</td><td>72</td></tr>
<tr><td rowspan="4">교육
정도별
취업자</td><td>중졸</td><td>5,345</td><td>23.5</td><td>5</td><td>3.5</td><td>-</td><td>-</td></tr>
<tr><td>고졸</td><td>9,793</td><td>43.1</td><td>91</td><td>63.6</td><td>-</td><td>-</td></tr>
<tr><td>대졸</td><td>7,562</td><td>33.3</td><td>47</td><td>32.9</td><td>-</td><td>-</td></tr>
<tr><td>계</td><td>22,699</td><td>100</td><td>143</td><td>100</td><td></td><td></td></tr>
<tr><td rowspan="8">산업별
취업자</td><td>농림, 어업</td><td>1,458</td><td>6.4</td><td>2</td><td>1.6</td><td>-</td><td>-</td></tr>
<tr><td>광공업</td><td>4,234</td><td>18.7</td><td>27</td><td>22.0</td><td>-</td><td>-</td></tr>
<tr><td>제조업</td><td>4,220</td><td>18.6</td><td>27</td><td>22.0</td><td>-</td><td>-</td></tr>
<tr><td>사회간접자본 및 기타
서비스업</td><td>17,007</td><td>74.9</td><td>94</td><td>76.4</td><td>-</td><td>-</td></tr>
<tr><td>건설업</td><td>1,765</td><td>7.8</td><td>12</td><td>9.8</td><td>-</td><td>-</td></tr>
<tr><td>도소매·숙박음식업</td><td>5,846</td><td>25.8</td><td>22</td><td>17.9</td><td>-</td><td>-</td></tr>
<tr><td>전기, 운수, 통신, 금융</td><td>2,313</td><td>10.2</td><td>18</td><td>14.6</td><td>-</td><td>-</td></tr>
<tr><td>사업, 개인, 공공 서비스
및 기타</td><td>7,083</td><td>31.2</td><td>42</td><td>34.1</td><td>-</td><td>-</td></tr>
<tr><td colspan="2">계</td><td>22,699</td><td>100</td><td>123</td><td>100</td><td></td><td></td></tr>
</table>

구분		일반국민		북한 이탈 주민			
		천명	비율	명	전체비율(%)	남성비율 (명, %)	여성비율 (명, %)
직업별 취업자	전문·기술, 행정관리자	4,872	21.5	15	12.4	-	-
	사무종사자	3,342	14.7	4	3.3	-	-
	서비스·판매종사자	5,665	25	38	31.4	-	-
	농림·어업, 숙련종사자	1,392	6.1	0	0.0	-	-
	기능·기계조작·조립·단순노무종사자	7,429	32.7	64	52.9	-	-
	계	22,699	100	121	100	-	-
종사상 지위별 취업자	비임금근로자	7,426	32.7	9	7.3	-	-
	자영업주	6,072	26.8	9	7.3	-	-
	무급가족종사자	1,355	6	0	0.0	-	-
	임금근로자	15,273	67.3	115	92.7	-	-
	상용근로자	7,978	35.1	32	22.4	-	-
	임시근로자	5,147	22.7	19	13.3	-	-
	일용근로자	2,148	9.5	64	44.8	-	-
	계	22,699	100	124	100	-	-
취업 시간대별 취업자	일시 휴직자	224	1	17	12.1	-	-
	1~17	925	4.1	6	4.3	-	-
	18~35	1,979	8.7	23	16.4	-	-
	36시간 이상	19,571	86.2	94	67.1	-	-
	36~44	5,873	25.9	16	11.4	-	-
	45~53	5,941	26.2	18	12.9	-	-
	54시간 이상	7,758	34.2	60	42.9	-	-
	주당평균 취업시간	-	47.7시간	-	43.9시간	-	-
	계	22,699	100	123	100	-	-
실업자 구성비 (연령대로 구분)	15~29세	376	45.5	20	37.7	11(39.3)	9(36.0)
	15~19세	40	4.8	6	11.3	4(14.3)	2(8.0)
	20~29세	336	40.6	14	26.4	7(25.0)	7(28.0)
	30~39세	199	24.1	16	30.2	6(21.4)	10(40.0)
	40~49세	141	17	8	15.1	4(14.3)	4(16.0)
	50~59세	86	10.4	6	11.3	5(17.9)	1(4.0)
	60세 이상	24	2.9	3	5.7	2(7.1)	1(4.0)
	계	826	100	53	100	28(100)	25(100)
연령 대별 실업률	15~29세	-	7.9	-	35.1	-	-
	15~19세	-	15.0	-	42.9	-	-
	20~29세	-	7.5	-	32.6	-	-
	30~39세	-	3.1	-	25.4	-	-
	40~49세	-	2.2	-	17.0	-	-
	50~59세	-	2.3	-	30.0	-	-
	60세 이상	-	1.1	-	33.3	-	-
	전체 실업률	-	3.5	-	27.0	-	-
교육 정도별 실업률	중학교 졸업이하	124	2.3	5	50.0	-	-
	고등학교 졸업	439	4.3	34	27.2	-	-
	대학 졸업이상	224	2.9	14	23.0	-	-
	전체 실업률	787	3.4	53	27.0	-	-

(사)북한인권정보센터 소개

(사)북한인권정보센터는 북한의 인권개선과 북한인권침해(과거사) 청산을 주요 목표로 하고 있으며, 북한인권침해 실태조사, 북한인권기록보존소 운영을 통한 북한인권침해 기록DB 구축 및 관리, 북한인권침해 구제 및 예방, 북한인권피해자 보호와 정착지원을 위해 2003년 설립됐습니다.

- 연혁
  2003년 5월 10일 설립
  2004년 3월 25일 사단법인 인가
  2005년 1월 3일 NK Social Research, NKDB 정착지원본부 개설
  2007년 6월 북한인권기록보존소 개설
  2007년 8월 북한인권통계백서 2007 출판
  2012년 3월 국군포로·납북자 정착지원센터 개설
  2016년 남북사회통합교육원, 북한인권감시기구 출범
  2020년 7월 경기서부하나센터 개소
  2003년~ 현재까지 북한인권통합DB 구축 및 관리

- 주요활동
  1. 북한인권기록보존소:
  북한 인권침해 사건 및 인물정보 수집, 북한사회조사·연구
  북한 인권침해 사건 분석 및 DB 구축, 북한 인권실태 및 정책연구, 북한인권 관련 출판 및 홍보, 과거청산통합연구 활동, 북한생활경험자 실태조사

  2. 정착지원본부:
  북한생활경험자 사회정착지원, 고문 및 장기구금자 (PTSD) 지원 서비스

3. 남북사회통합교육원

북한인권 전문 인력 양성, 영문정례브리핑, 북한인권/통일외교/심리·상담/통일사회복지/남북동행아카데미 운영

4. 북한8대감시기구:

북한사형 감시기구, 북한마약류 감시기구, 북한종교감시기구, 북한핵/생물/화학무기 및 인권감시기구, 해외북한인권 감시기구, 북한UN권고이행 감시기구, 북한 구금시설감시기구, 북한군인권감시기구

(사)북한인권정보센터 출판도서 목록

도서명　　　　　저자　　　　출판년도　　가격

◈ 연례도서

북한인권통계백서(국문)

2007 북한인권통계백서　　윤여상 외　　2007　　20,000원

2008 북한인권백서　　북한인권기록보존소 윤여상 외　　2008　　20,000원

2009 북한인권백서　　북한인권기록보존소 윤여상 외　　2009　　20,000원

2010 북한인권백서　　북한인권기록보존소 윤여상 외　　2010　　20,000원

2011 북한인권백서　　북한인권기록보존소 윤여상 외　　2011　　30,000원

2012 북한인권백서	북한인권기록보존소 윤여상 외	2012	30,000원
2013 북한인권백서	북한인권기록보존소 윤여상 외	2013	30,000원
2014 북한인권백서	북한인권기록보존소 윤여상 외	2014	30,000원
2015 북한인권백서	북한인권기록보존소 윤여상 외	2015	30,000원
2016 북한인권백서	북한인권기록보존소 안현민 외	2016	30,000원
2017 북한인권백서	북한인권기록보존소 최선영 외	2017	30,000원

	2018 북한인권백서	북한인권기록보존소 임순희 외	2018	30,000원
	2019 북한인권백서	북한인권기록보존소 임순희 외	2019	30,000원
	2020 북한인권백서	북한인권기록보존소 안현민 외	2020	30,000원

북한인권통계백서(영문)

	White Paper on North Korean Human Rights Statistics 2007	북한인권기록보존소 윤여상 외	2008	20,000원
	White Paper on North Korean Human Rights 2008	북한인권기록보존소 윤여상 외	2008	20,000원
	White Paper on North Korean Human Rights 2009	북한인권기록보존소 윤여상 외	2009	20,000원
	White Paper on North Korean Human Rights 2010	북한인권기록보존소 윤여상 외	2010	20,000원

White Paper on North Korean Human Rights 2011	북한인권기록보존소 윤여상 외	2011	30,000원
White Paper on North Korean Human Rights 2012	북한인권기록보존소 윤여상 외	2012	30,000원
White Paper on North Korean Human Rights 2013	북한인권기록보존소 윤여상 외	2013	30,000원
White Paper on North Korean Human Rights 2014	북한인권기록보존소 윤여상 외	2014	30,000원
White Paper on North Korean Human Rights 2015	북한인권기록보존소 윤여상 외	2015	30,000원
White Paper on North Korean Human Rights 2016	북한인권기록보존소 윤여상 외	2016	30,000원
White Paper on North Korean Human Rights 2017	북한인권기록보존소 최선영 외	2017	30,000원

	White Paper on North Korean Human Rights 2018	북한인권기록보존소 임순희 외	2019	30,000원
	White Paper on North Korean Human Rights 2019	북한인권기록보존소 임순희 외	2019	30,000원
	White Paper on North Korean Human Rights 2020	북한인권기록보존소 임순희 외	2019	30,000원

북한종교자유백서(국문)

	2008 북한종교자유백서	윤여상, 한선영	2008	10,000원
	2009 북한종교자유백서	윤여상, 한선영	2009	10,000원
	2010 북한종교자유백서	윤여상, 한선영	2010	10,000원
	2011 북한종교자유백서	윤여상, 한선영, 윤중근	2012	10,000원

 2012 북한종교자유백서　윤여상, 한선영, 장은실　2013　20,000원

 2013 북한종교자유백서　윤여상, 정재호, 안현민　2013　20,000원

 2014 북한종교자유백서　윤여상, 정재호, 안현민　2014　20,000원

 2015 북한종교자유백서　윤여상, 정재호, 안현민　2015　20,000원

 2016 북한종교자유백서　정재호, 안현민, 윤여상　2016　20,000원

 2017 북한종교자유백서　안현민, 윤여상, 정재호　2017　20,000원

	2018 북한종교자유백서	안현민, 윤여상, 정재호	2018	20,000원
	2019 북한종교자유백서	안현민, 윤여상, 정재호	2019	20,000원
	2020 북한종교자유백서	안현민, 윤여상, 정재호	2020	20,000원

북한종교자유백서(영문)

	White Paper on Religious Freedom in North Korea 2009	윤여상, 한선영 장은실	2009	10,000원
	Religious Freedom in North Korea 2012	윤여상, 한선영 장은실, 최선영	2013	10,000원
	White Paper on Religious Freedom in North Korea 2013	윤여상, 정재호, 안현민	2013	20,000원

	White Paper on Religious Freedom in North Korea 2014	윤여상, 정재호, 안현민	2014	20,000원
	White Paper on Religious Freedom in North Korea 2015	윤여상, 정재호, 안현민	2015	20,000원
	White Paper on Religious Freedom in North Korea 2016	정재호, 안현민, 윤여상	2016	20,000원
	White Paper on Religious Freedom in North Korea 2017	안현민, 윤여상, 정재호	2018	20,000원
	White Paper on Religious Freedom in North Korea 2018	안현민, 윤여상, 정재호	2019	20,000원

북한이탈주민경제활동동향(국문)

	2006 북한이탈주민 경제활동 동향 - 취업,실업,소득	엄홍석, 윤여상, 허선행	2007	5,000원

	2007 북한이탈주민 경제활동 동향 - 취업,실업,소득	윤여상, 허선행	2008	5,000원
	2008 북한이탈주민 경제활동 동향 - 취업,실업,소득	북한인권정보센터	2009	5,000원
	2009 북한이탈주민 경제활동 동향 - 취업,실업,소득	허선행, 임순희	2010	5,000원
	2010 북한이탈주민 경제활동 동향 - 취업,실업,소득	서윤환, 이용화	2011	10,000원
	2011 북한이탈주민 경제활동 동향 - 취업,실업,소득	서윤환, 이용화	2012	10,000원
	2012 북한이탈주민 경제활동 동향 - 취업,실업,소득	서윤환, 신효선	2013	10,000원

2013 북한이탈주민 경제활동 동향 - 취업,실업,소득	서윤환, 신효선, 박성철	2014	12,000원
2014 북한이탈주민 경제활동 동향 - 취업,실업,소득	임순희, 안현민	2015	12,000원
2015 북한이탈주민 경제사회통합 실태	윤여상, 임순희	2016	17,000원
2016 북한이탈주민 경제사회통합 실태	임순희, 윤인진, 양진아	2017	17,000원
2017 북한이탈주민 경제사회통합 실태	임순희, 윤인진, 김슬기	2018	17,000원
2018 북한이탈주민 경제사회통합 실태	임순희, 김석창	2019	17,000원
2019 북한이탈주민 경제사회통합 실태	안현민, 김성남	2019	17,000원

| 2020 북한이탈주민 경제사회통합 실태 | 김성남, 김소원 | 2020 | 17,000원 |

| 2021 북한이탈주민 경제사회통합 실태 | 임순희, 김가영, 성민주 | 2021 | 17,000원 |

| 2022 북한이탈주민 경제사회통합 실태 | 임순희, 성민주, 이경현 | 2022 | 17,000원 |

북한이탈주민경제활동동향(영문)

| 2009/2010 Trends in Economic Activities of North Korean Defectors | 허선행, 임순희, 서윤환, 이용화 | 2011 | 15,000원 |

| 2018 Social and Economic Integration of North Korean Defectors in South Korea | 임순희, 김석창 | 2019 | 17,000원 |

북한인권에 대한 국민인식조사(국문)

| 2014 북한인권에 대한 국민 인식 조사 | 윤여상, 임순희 | 2014 | 15,000원 |

	2015 북한인권에 대한 국민 인식 조사	윤여상, 임순희	2015	15,000원
	2016 북한인권에 대한 국민 인식 조사	윤여상, 임순희	2016	15,000원
	2017 북한인권에 대한 국민 인식 조사	북한인권정보센터, 엔케이소셜리서치	2018	10,000원
	2018 북한인권에 대한 국민 인식 조사	윤여상, 임순희	2019	10,000원
	2019 북한인권에 대한 국민 인식 조사	윤여상, 임순희	2019	12,000원
	2020 북한인권에 대한 국민 인식 조사	윤여상, 임순희	2020	15,000원

 2021 북한인권에 대한 국민 인식 조사   윤여상, 임순희, 지성호   2021   비매품/무료

 2022 북한인권에 대한 국민 인식 조사   윤여상, 임순희, 윤기웅   2022   17,000원

◈ 단행본

 Are They Telling Us the Truth?   Hiroshi Kato, 김상헌, 윤여상, Tim Peters   2003   ¥2,500

 북한 정치범수용소 완전통제구역 세상밖으로 나오다   신동혁   2007   13,000원

 서독 잘쯔기터 인권침해 중앙기록보존소   Heiner Sauer, Hans-Otto Plumeyer(이건호 譯)   2008   12,000원

 북한 인권 문헌 분석   윤여상 외   2008   20,000원

	국군포로 문제의 종합적 이해	오경섭, 윤여상, 허선행	2008	15,000원
	북한의 반인도적 범죄에 대한 국제사회의 긴급대응	세계기독연대(북한인권정보센터 譯)	2011	15,000원
	북한 정치범수용소의 운영체계와 인권실태	윤여상, 이자은, 한선영	2011	30,000원
	북한 구금시설 운영체계와 인권실태	윤여상, 구현자, 김인성, 이지현	2011	25,000원
	Political Prison Camps in North Korea Today	윤여상, 이자은, 한선영	2011	20$
	Prisoners in North Korea Today	윤여상, 구현자, 김인성, 이지현	2011	20$
	북한인권사건리포트: VICTIMS' VOICES 제1권	북한인권기록보존소	2013	비매품

	北韓人權事件レポート: VICTIMS' VOICES 第1卷	북한인권정보센터	2013	비매품
	North Korean Human Rights Case Report : VICTIMS'VOICES Volume I	북한인권정보센터	2013	비매품
	북한인권사건리포트: VICTIMS' VOICES 제2권	북한인권정보센터	2013	비매품
	北韓人權事件レポート: VICTIMS' VOICES 第2卷	북한인권정보센터	2013	비매품
	North Korean Human Rights Case Report : VICTIMS'VOICES Volume II	북한인권정보센터	2013	비매품
	중국의 탈북자 강제송환과 인권실태	윤여상, 박성철, 임순희	2013	20,000원
	North Korean Defectors in China - Forced Repatriation and Human Rights Violations -	윤여상, 박성철, 임순희	2014	20$

	제목	저자	연도	가격
	Nordkoreanischer Menschenrechtsfallbericht VICTIMS'VOICES	북한인권정보센터	2014	20$
	Cahiers d'observations des droits de l'Homme en Corée du Nord VICTIMS'VOICES	북한인권정보센터	2014	20$
	북한 해외 노동자 현황과 인권실태	윤여상, 이승주	2015	17,000원
	Human rights and North Korea's Overseas Laborers: Dilemmas and Policy Challenges	윤여상, 이승주	2015	17,000원
	북한 구금시설 총서I: 북한 구금시설 현황과 개선방안	북한인권정보센터	2016	10,000원
	북한 구금시설 총서I:개천 1호 교화소	이승주	2016	10,000원
	북한 구금시설 총서I:강동 4호 교화소	유혜정	2016	7,000원

	북한 구금시설 총서I:함흥 9호 교화소	안현민	2016	10,000원
	북한 구금시설 총서I:증산 11호 교화소	임순희	2016	10,000원
	북한 구금시설 총서I:전거리 12호 교화소	김인성	2016	10,000원
	북한 구금시설 총서I:오로 22호 교화소	서윤환	2016	7,000원
	2014 유엔 북한인권조사위원회(COI) 보고서 발간 이후 북한 인권 평가보고서 : 북한인권정보센터의 DB 분석을 중심으로	북한인권정보센터	2016	비매품
	An Evaluation Report of the North Korean Human Rights Situation after the 2014 UN COI Report -Based on an Analysis of NKDB's Database	북한인권정보센터	2016	비매품

	북한 밖의 북한	윤여상, 이승주	2016	20,000원
	북한 정치범수용소 근무자, 수감자 및 실종자 인명사전	북한인권정보센터	2016	비매품
	North Korean Political Prison Camps A Catalogue of Political Prison Camp Staff, Detainees, and Victims of Enforced Disappearance	북한인권정보센터	2016	비매품
	北朝鮮政治犯収容所 勤務者、収監者および失踪者 人名事典	북한인권정보센터	2016	비매품
	Campos de Concentración para Prisioneros Políticos Norcoreanos	북한인권정보센터	2016	비매품
	러시아 지역 북한 노동자의 근로와 인권 실태	박찬홍	2016	20,000원
	North Korean Overseas Laborers in Russia	박찬홍	2016	20,000원

The North Korea outside the North Korean State	Yoon Yeo-sang, Lee Seung Ju	2017	$20
유엔인권이사회 제1차 보편적 정례검토와 북한	최선영, 양진아, 이나경, 송한나	2017	20,000원
The UN Universal Periodic Review and the DPRK	최선영, 양진아, 이나경, 송한나	2017	$20
군복 입은 수감자 북한군 인권 실태 보고서	김인성, 안현민, 송한나	2018	15,000원
북한 여성 생리 관련 실태-이런 것은 부끄러운 것으로 알아요	안현민, 심진아	2018	비매품
The State of Menstrual Health of North Korean Women - "Periods are a shameful thing in North Korea"	안현민, 심진아	2018	비매품
두 번째 기회: 제2차 보편적 정례검토 권고사항의 수용 및 실행에 대한 모니터링	송한나	2019	20,000원

제목	저자	연도	가격
UN 지속가능발전목표(SDGs)와 인권의 결합 《SDG 목표 3》>건강권을 중심으로	윤여상, 임순희	2019	비매품
UN Sustainable Development Goals and Human Rights SDG 3: The Right to Health In North Korea	윤여상, 임순희	2019	비매품
스토리북 : 나의 세 번째 집	김동주	2019	비매품
스토리북 : 다시 찾은 인생길	김주희	2019	비매품
스토리북 : 푸르른 삼각산아	박용석	2019	비매품
2020 초기 정착 생활 길라잡이	정착지원본부	2020	비매품
북한 '사회주의 대가정'의 노동 정책과 '세포 가정'의 균열: 성역할의 탈가부장적 재구성의 강제와 부부갈등	최선영	2020	비매품

	스토리북 : 내 마음의 보물섬	한나라	2020	비매품
	스토리북 : 까만 가로등	정진	2020	비매품
	북한의 SDGs와 인권 연계 프로젝트	북한인권정보센터	2021	비매품
	THe Human Rights Guide to DPRK's SDGs	북한인권정보센터	2021	비매품
	Democratic People's Republic of Korea 2021 Progress Report on the Implementation of the Sustainable Development Goals	Chad Miller Hanna Song	2021	비매품
	Prisoners In Military Uniform : Human Rights In The North Korean Military	김인성, 안현민, 송한나, 이승주	2022	20,000원 $20

	제목	저자	연도	가격
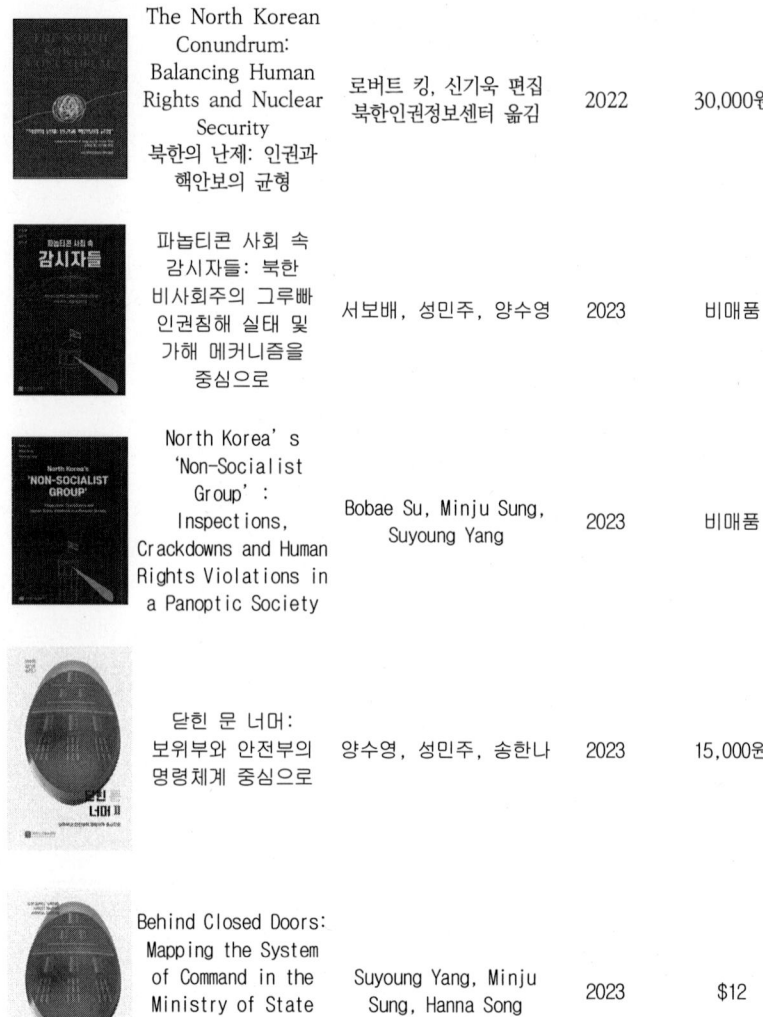	The North Korean Conundrum: Balancing Human Rights and Nuclear Security 북한의 난제: 인권과 핵안보의 균형	로버트 킹, 신기욱 편집 북한인권정보센터 옮김	2022	30,000원
	파놉티콘 사회 속 감시자들: 북한 비사회주의 그루빠 인권침해 실태 및 가해 메커니즘을 중심으로	서보배, 성민주, 양수영	2023	비매품
	North Korea's 'Non-Socialist Group': Inspections, Crackdowns and Human Rights Violations in a Panoptic Society	Bobae Su, Minju Sung, Suyoung Yang	2023	비매품
	닫힌 문 너머: 보위부와 안전부의 명령체계 중심으로	양수영, 성민주, 송한나	2023	15,000원
	Behind Closed Doors: Mapping the System of Command in the Ministry of State Security & Social Security	Suyoung Yang, Minju Sung, Hanna Song	2023	$12

안녕하십니까?

(사)북한인권정보센터는 북한의 인권 개선과 북한인권침해 과거사 청산을 주요 목표로 하고 있으며, 북한인권침해 실태조사, 북한인권기록보존소 운영을 통한 북한인권침해 기록 데이터베이스(DB) 구축 및 관리, 북한인권침해 구제 및 예방, 북한인권피해자 보호와 정착지원을 위해 2003년 설립됐습니다.

본 기관은 현재 진행중인 북한 주민의 인권 피해 개선을 위한 시민사회의 역할이행을 위해 연구를 진행하고, 자료를 발간하고 있습니다. 북한이탈주민 2만여 명의 증언을 종합 분석하여 구축한 북한인권통합DB를 바탕으로 북한인권 연구의 '객관성'을 확보하고, 이를 통해 북한인권 운동의 활동 기틀을 구축해나가고 있습니다. 또한 인권기반 활동의 핵심요소인 '참여 강화'를 위해 시민교육, 남북출신의 상호소통을 위한 장을 개발·제공하고 있습니다. 더 나아가 북한인권피해 경험자, 국군포로, 납북자, 비보호 북한이탈주민에 대한 심리상담·사회적 역량 강화를 지원하며 '진정한 통합'을 준비하고 있습니다.

북한 주민의 인권에 관심을 갖고 계신 분은 누구나 자동납부(CMS), 은행입금, 자원봉사, 인턴 등의 여러 방법으로 저희 기관에 도움을 주실 수 있습니다.

작성한 후원용지는 이메일 nkdbi@hanmail.net으로 보내주시거나 우편(서울시 종로구 경희궁길 14, 3층) 혹은 FAX 02-723-6046 으로 보내주시면 됩니다.

◉ 회 원 특 전

· (사)북한인권정보센터는 기획재정부장관이 지정한 공익성기부금 대상단체입니다. 후원금 및 기부금을 납부하신 분은 '법인세법 제24조'의 규정에 의해 지정 기부금으로 인정돼 연말 세금정산을 통한 소득공제 혜택을 받을 수 있습니다.
· 리포트, 단행본 등 기관의 발간 자료를 할인된 가격으로 받아보실 수 있습니다.
· 본 기관 주최 세미나 및 국제회의 등 각종 행사에 우선 초대합니다.
· 기관 내 교육에 참여하실 수 있습니다.

※ 정기적인 후원이 아닌 일시후원도 가능합니다.

┃ 일시후원계좌 안내 ┃

- 신한은행 140-010-048898
- 우리은행 109-652375-13-101
- 국민은행 343601-04-011423
  예금주 : (사)북한인권정보센터

감사합니다. 통일을 준비하는 일에 소중히 쓰겠습니다.

Donating to NKDB

(사) 북한인권정보센터 후원회원 가입신청서

1. 후원자 정보 * 필수 항목

*성 명 _____

*생년월일(사업자등록번호) _____
국세청 간소화 희망시 주민등록번호 기입

이메일 _____

*휴대폰 _____

*우편물 받으실 곳 _____ □ 우편거부

*후원금액(매월)
- 일반: □ 1만원 □ 2만원 □ 3만원 □ 5만원 □ 10만원 □ 30만원 □ 기타 (   )원
- 법인 (기업): □ 3만원 □ 5만원 □ 10만원 □ 20만원 □ 50만원 □ 100만원 □ 기타 (   )만원
- 학생 (청소년): □ 1천원 □ 3천원 □ 5천원 □ 1만원 □ 2만원 □ 3만원 □ 기타 (   )원

2. CMS 신청   □ 정기   □ 일시

*출금은행 _____

*예금주 _____

*출금계좌 _____

*납부일 □ 5일 □ 10일 □ 15일 □ 20일 □ 25일

3. 직접 입금시

신한은행 140-010-048898 (사)북한인권정보센터(후원회)

본인은 상기 금액을 (사) 북한인권정보센터의 목적사업비나 운영비로 쓰임에 동의하여 후원회원 가입을 신청합니다.

20   년   월   일   (*서명 또는 인)

[개인정보 수집 및 이용 동의]
- 수집 및 이용목적 : 회원관리, 후원금 결제 및 후원회원 서비스 제공에 활용, 신규 서비스 개발 및 마케팅, 홍보에 활용
- 수집항목 : 성명, 전화번호, 휴대폰번호, E-mail, 자택주소, 금융기관명, 계좌번호
- 보유 및 이용기간 : 개인정보의 수집 및 이용목적이 달성되면 지체 없이 파기한다. 단, 기부금영수증 발행 등을 위하여 관계 법령에서 정한 일정한 기간 동안 개인정보와 후원금 결제정보를 보관한다(후원 중단 시부터 5년)
- 신청자는 개인정보 수집 및 이용을 거부할 권리가 있으며, 동의 거부에 따른 불이익은 없으나 회원 가입에 제한이 있을 수 있습니다.

동의함* □ **동의안함** □

[개인정보 제3자 제공 동의]
- 제공 받는 자 : 금융결제원, (주)휴먼소프트웨어, 오즈메일러, 문자나라
- 개인정보 수집 항목 : 성명, 휴대폰 번호, 생년월일, 금융기관명, 출금은행명, 출금계좌, 주소, 후원금액 등을 제공한다.
- 수집 및 이용 목적 : 후원금 결제, 문자 및 이메일 발송, CMS 출금이체를 통한 요금 수납, 소식지 발송 등에 이용하기 위함이다.
- 보유 및 이용기간 : 개인 정보의 수집 및 이용목적이 달성되면 지체 없이 파기한다. 단, 기부금영수증 발행 등을 위하여 관계 법령에서 정한 일정한 기간 동안 개인정보와 후원금 결제정보를 보관한다. (후원 중단시부터 5년)
- 신청자는 개인정보 수집 및 이용을 거부할 권리가 있으며, 불이익은 없습니다. 다만, 권리행사시 출금이체 신청이 거부될 수 있습니다.

동의함* □ **동의안함** □

[출금이체 동의여부 및 해지 사실 통지 안내]
은행 등 금융회사 및 금융결제원은 CMS 제도의 안정적 운영을 위하여 고객의 (은행 등 금융회사 및 이용기관 보유) 연락처 정보를 활용하여 문자메세지, 유선 등으로 고객의 출금이체 동의여부 및 해지사실을 통지할 수 있습니다.

동의함* □ **동의안함** □

---

* 상기 금융거래정보의 제공 및 개인정보의 수집 및 이용, 제3자 제공에 동의하며 CMS 출금이체에 동의합니다.

20   년   월   일   (*서명 또는 인)

(사) 북한인권정보센터는 기획재정부 장관이 지정한 공익성기부금 대상단체입니다. 후원금 및 기부금을 납부하신 분은 '법인세법 제 24조'의 규정에 의하여 지정 기부금으로 인정되어 연말 세금정산을 통한 소득공제 혜택을 받을 수 있습니다.